Neu als Chef
Wie Sie Ihren Weg finden

Thomas Augspurger

2. Auflage

Haufe.

Inhalt

Sie übernehmen Führung – was heißt das? 5
- Ihre Aufgaben im Überblick 6
- Wo Ihr Einfluss endet 11
- Welche Kompetenzen und Haltung benötigen Sie? 13
- Vom Kollegen zum Chef 23

Die Erwartungen Ihres Chefs – Ihre Maßnahmen 27
- Welcher Typ Mensch ist Ihr Chef? 28
- Klären Sie Ziele und Aufträge 38
- Wovon ist Ihr Chef abhängig? 49

Die Erwartungen Ihrer Mitarbeiter – Ihre Maßnahmen 55
- Die zwölf wichtigsten Erwartungen 56
- Worauf es ankommt: Mitarbeiter motivieren 62
- So führen Sie entwicklungs- und typgerecht 70

Die Erwartungen der sonstigen Unternehmensumwelt – Ihre Maßnahmen — 81
- Die Kollegen ins Boot holen — 82
- Machen Sie sich Beziehungen und Abhängigkeiten bewusst — 86
- Analysieren Sie Ihre Stakeholder — 91

Die eigenen Anforderungen wertschätzend kommunizieren — 99
- Die besten Kommunikationstechniken — 100
- So steuern Sie Gespräche — 108
- Die wichtigsten Kommunikationsanlässe — 110
- Der Balanceakt: Finden Sie Ihren Weg — 117
- Ihre Schritte in den ersten 100 Tagen — 123

- Stichwortverzeichnis — 125

Vorwort

Sie planen, eine Rolle als Führungskraft zu übernehmen, oder haben dies bereits getan. Herzlichen Glückwunsch dazu! In beiden Fällen haben Sie bereits viel in Ihrem Aufgabenfeld erreicht und positives Feedback vom Management Ihrer Organisation erhalten.

Kennen Sie die (halb-)scherzhafte Antwort eines Immobilienmaklers auf die Frage hin, welche drei Kriterien bei einem Objekt die wichtigsten sind? Es handelt sich um die drei Ls, also Lage, Lage, Lage. Eine ähnliche Antwort beschreibt auch die wichtigsten Aufgaben einer neuen Führungskraft. Hier herrschen die 4 Ks: Klärung, Klärung, Klärung, Klärung. So gilt es, die Anforderungen und Grenzen von Führung, die Erwartungshaltung des eigenen Chefs und Ihrer Mitarbeiter sowie wichtige Abhängigkeiten in der Organisation zu klären. Last not least sollten Sie aus all diesen Anforderungen Ihren eigenen Weg entwickeln und konsequent beschreiben.

Der vorliegende TaschenGuide soll Ihnen Sicherheit vermitteln und aufzeigen, worauf es nun neben den fachlichen Kenntnissen hauptsächlich ankommt.

Ich wünsche Ihnen viel Spaß beim Lesen und eine spannende und erfolgreiche Umsetzung!

Thomas Augspurger

Sie übernehmen Führung – was heißt das?

Wer eine Führungsaufgabe neu übernimmt, weiß oft nicht, was künftig von ihm erwartet wird. Besteht nicht die Gefahr, sich in einem Geflecht bislang unbekannter Rollen zu verzetteln? Das folgende Kapitel zeigt Ihnen, wofür Sie nun verantwortlich sind und wofür nicht.

Lesen Sie hier,

- was Führung beinhaltet,
- wo die Grenzen von Führung liegen,
- welche Kompetenzen Sie benötigen,
- wie Sie einen Führungsrahmen setzen, innerhalb dessen sich Ihre Mitarbeiter entfalten können,
- wie Sie Ihre Haltung Ihrer neuen Rolle anpassen können,
- was der Wechsel vom Kollegen zum Chef bedeutet.

Ihre Aufgaben im Überblick

BEISPIEL

> Peter K. hat sein neues Amt als Teamleiter begeistert angetreten. Doch das tolle Gefühl der Beförderung und der damit verbundene Stolz weichen nun einer wachsenden Besorgnis, allen Beteiligten wirklich gerecht werden zu können. Sein Chef fordert den monatlichen Zwischenbericht, ein Mitarbeiter bittet um ein vertrauliches Gespräch und ein Teamleiterkollege moniert, dass man sich doch besser abstimmen solle.

Kommt Ihnen diese Beschreibung bekannt vor? Als neu ernannte Führungskraft strömen nun umfangreiche und auch neue Aufgaben auf Sie ein. Während Sie eben noch als Mitarbeiter möglichst korrekt und terminorientiert Ihre Aufgaben abgearbeitet haben, wird nun auf einmal der Blick für das Große und Ganze gefordert. Um sich darin nicht zu verlieren, bedarf es einer Strukturierung. Was macht Führung aus und welche Aufgaben umfasst sie?

Die Literatur weist eine Vielzahl von Führungsdefinitionen auf. So wird Führung oft beschrieben als der »Versuch, steuernd und richtungweisend auf das Verhalten von sich selbst und von anderen Menschen einzuwirken, um eine Zielvorstellung zu verwirklichen«. Es fällt unmittelbar auf, dass Führung hier als »Versuch« der Verhaltensbeeinflussung charakterisiert wird. Wir werden im nächsten Abschnitt (»Wo Ihr Einfluss endet«) darauf zurückkommen.

Notwendigerweise benötigt Führung ein Ziel. Wenn Sie als Führungskraft nicht wissen, wo die Reise hingehen soll, können Sie auch nicht führen. Oftmals ist dieses Ziel von der Unternehmensleitung konkret vorgegeben, manchmal liegen jedoch auch nur Leitlinien oder Visionen vor. Als Führungskraft obliegt es Ihnen nun also, diese Vorgaben auf Ihr Team herunterzubrechen, d. h. in Teilziele aufzuteilen, Umsetzungspläne zu erarbeiten, zu delegieren und Ergebnisse zu kontrollieren. Dementsprechend erklären sich die Definitionsbestandteile »steuernd«, »richtungweisend« und »Zielvorstellung«. Wie Sie Ziele korrekt formulieren und mitarbeitergerecht delegieren, zeigen die folgenden Kapitel.

Als Führungskraft wirken Sie auf das Verhalten anderer Menschen ein. Dabei handelt es sich nicht ausschließlich um Ihre Mitarbeiter, denn eine gute Führungskraft muss auch auf Kollegen, Kunden und den eigenen Chef Einfluss nehmen können. Doch auch Selbstreflexion ist ein notwendiger Bestandteil guter Führung. Das bedeutet für Sie als neue Führungskraft, dass Sie nun verstärkt das eigene Verhalten kritisch hinterfragen und auf Ihre eigene Entwicklung, aber auch Entlastung achten müssen.

Die Abbildung auf der folgenden Seite zeigt schematisch Ihre Aufgaben sowie die Wechselwirkung mit anderen Menschen, die nun für Sie wichtig sind. Wie Sie in der Grafik erkennen, ist Führung keine Einbahnstraße. Sie senden zwar Impulse, bekommen jedoch auch immer wieder Informationen zurück, die wiederum Auswirkungen auf Ihr eigenes Verhalten haben.

Nehmen wir nun Ihre neuen Aufgaben etwas genauer unter die Lupe und untersuchen wir, inwieweit sich diese von Ihren bisherigen Aufgaben als Mitarbeiter unterscheiden.

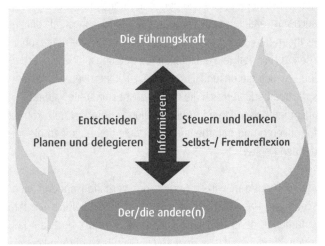

Der Führungskreislauf

Informieren

Bisher mussten Sie als Mitarbeiter vorrangig Ihre Führungskraft informieren. Diese Aufgabe weitet sich jetzt aus: Sie fungieren als Informationsvermittler und nehmen eine Sandwich-Position ein. Viele neu ernannte Führungskräfte halten Ihren Chef zwar auf dem Laufenden, »vergessen« dabei jedoch, auch ihre Mitarbeiter oder Kollegen zeitnah über Veränderungen oder andere Entwicklungen zu informieren. Machen Sie sich bewusst, dass

Sie in Ihrer Funktion nun oftmals das Informationsnadelöhr sind und dass eine effiziente und effektive Weitergabe von Informationen erfolgskritisch ist.

Entscheiden

Entscheidungen, die Sie nun als Führungskraft treffen, haben einen viel stärkeren Auswirkungsgrad. Als Mitarbeiter haben Sie vermutlich Empfehlungen ausgesprochen, die sich stark an der Sachebene orientierten (Risiken, voraussichtlicher Ertrag usw.). Nun gilt es, auch die Motivationsebene zu beachten: Welcher Organisationsteil will vermutlich was erreichen, wenn eine Lösung vorgeschlagen wird? Verlassen Sie sich deshalb nicht zu sehr auf Experten: Auch diese haben oftmals eine versteckte Agenda, die es zu beachten gilt. Berücksichtigen Sie bei Ihren Entscheidungen daher sowohl die Sach- als auch die Motivationsebene und verdeutlichen Sie sich stets die Auswirkungen auf die Beteiligten.

Planen und delegieren

Bisher haben Sie vermutlich Ihre Arbeitsaufträge abgearbeitet und mussten Prioritäten mit Ihrem Chef klären, z. B. bei Engpässen. Nun stehen Sie viel stärker in der Verantwortung, diese Planung selbst vorzunehmen: Was ist wichtig und was nicht? Muss ich die Aufgabe selbst erledigen oder kann ich sie delegieren? Und wenn ja, an wen? Diese Fragen werden für Sie nun entscheidend. Viele neu ernannte Führungskräfte machen den Fehler, zu viel selbst erledigen zu wollen. Achten Sie darauf, Pläne aufzustellen, die Ihrem Chef zeigen, dass Sie die Themen analysiert haben (Aufwandsplan, z.B. welche Kosten, Sachmittel und Zeiten veranschlage ich) und sie auch beherrschen (Teilprojektplan/Projektstrukturplan, z.B. wer macht was mit wem bis wann?).

Steuern und lenken

Mit der Vergabe von Aufträgen ist es oftmals nicht getan; viel mehr als bisher gilt es nun, auch für deren Erfüllung zu sorgen. Was Sie als wichtig erachten und geplant haben, muss nun auch umgesetzt werden. Von daher gilt es zu steuern und bei Engpässen, die die Erfüllung der Aufgaben gefährden, auch zu lenken. Hierbei müssen Sie ggf. neue Prioritäten setzen und diese dem Mitarbeiter gegenüber auch kommunizieren. Mitarbeiterführung ist somit auch eine Abwägung zwischen dem Grad der Steuerung und des Eingreifens auf der einen Seite und des »Laufenlassens« auf der anderen. Wir werden diesen Punkt im Kapitel »Die Erwartungen Ihrer Mitarbeiter« eingehend beleuchten.

Selbst- und Fremdreflexion

Wie das Kapitel »Welche Kompetenzen und Haltung benötigen Sie?« zeigt, ist eine vertiefte Kenntnis der eigenen Fähigkeiten unerlässlich, um erfolgreich führen zu können. Sie müssen eine gute Vorstellung davon entwickeln, wo Sie »stehen« und was

Sie zum Erfolg benötigen. Ihren eigenen Entwicklungsbedarf sollten Sie konsequent bei Ihrem Chef einklagen. Das Prüfen und Entwickeln gilt natürlich im gleichen Maße für Ihre Mitarbeiter. Analysieren Sie also konsequent und genau, was Ihnen selbst, aber auch Ihren Mitarbeitern bereits gut gelingt und wo noch Entwicklungspotentiale liegen. Im Vergleich zur Mitarbeiterrolle sind Sie nun viel stärker selbst gefordert, entsprechende Impulse zu setzen.

Wo Ihr Einfluss endet

Sie erinnern sich, dass wir zu Beginn dieses Kapitels Führung als »den Versuch der Verhaltensbeeinflussung« beschrieben haben. Dieser Versuch stößt allerdings bisweilen an Grenzen. Lassen Sie uns dies anhand eines fiktiven (und im zeitlichen Ablauf stark verkürzten) Beispiels verdeutlichen:

BEISPIEL

> Der Teamleiter eines Callcenters bemerkt, wie einer seiner Mitarbeiter einen Kunden beleidigt. Er spricht ihn unter vier Augen auf sein Fehlverhalten an und fragt nach den Gründen. Der Mitarbeiter versucht sich zu erklären und gelobt Besserung. Der Teamleiter macht seine Erwartung, dass man unbedingt wertschätzend mit Kunden umzugehen hat, deutlich. Nach einigen Tagen zeigt der Mitarbeiter dieses Fehlverhalten jedoch erneut. Seine Führungskraft spricht wiederum mit ihm, hakt nach, ob eventuell private Probleme vorliegen, weist jedoch nochmals nachdrücklich darauf hin, dass Beleidigungen nicht toleriert werden können, und spricht aufgrund des Fehlverhaltens auch eine Abmahnung aus. Um das Beispiel zu Ende zu führen: Der Mitarbeiter wird nach wenigen Tagen wieder einem Kunden gegenüber ausfällig. Nun muss seine Führungskraft konsequenterweise die Kündigung aussprechen.

Hat der Mitarbeiter sein Verhalten geändert? Nein, er hat trotz gegenteiliger Zusicherungen mehrfach Kunden beleidigt. Lag Führung vor? Natürlich, denn wie hätten Sie als Führungskraft anders handeln können? Sie haben die Sachlage geklärt, ggf. auch Unterstützung angeboten, aber ebenso konsequent Ihre Erwartungshaltung verdeutlicht. Wenn der Mitarbeiter Ihren Erwartungen nun dennoch nicht nachkommt, so liegt es in Ihrer Verantwortung, Konsequenzen herbeizuführen. Machen Sie sich jedoch bewusst, dass Sie letztlich keine Macht über andere Menschen haben! Wenn der Mitarbeiter sein Verhalten nicht ändert, so liegt es nicht in Ihrer Macht, diese Veränderung zu erzwingen. In den allermeisten Fällen werden Sie mit Druck und Drohungen nur massive Widerstände wecken. Mitarbeiter haben nämlich viele destruktive Möglichkeiten, auf Machtandrohung zu reagieren. So könnten sie:

- die Arbeit verweigern (was jedoch rechtliche Konsequenzen nach sich ziehen kann),
- »Dienst nach Vorschrift« machen,
- Projekte absichtlich »an die Wand fahren«,
- kündigen,
- hinter Ihrem Rücken andere gegen Sie aufwiegeln,
- »krankfeiern« und vieles andere mehr.

Führung hat somit Grenzen und eine direkte Beeinflussung nur aufgrund Ihrer neu erworbenen »Positionsmacht« ist wenig wahrscheinlich. Wenn sich ein Mitarbeiter trotz vieler Überzeugungsversuche schlicht weigert, seinen Aufgaben nachzukommen, bedeutet dies also nicht, dass Sie eine schlechte Führungskraft sind. Das wären Sie nur dann, wenn Sie ein Fehlverhalten oder die Weigerung, eine Aufgabe zu erfüllen, hinnähmen. Dies könnte nämlich eine destruktive Wirkung auf das Restteam haben, nach dem Motto: »Wenn der Kollege sich nicht an Absprachen hält, warum sollte ich es dann tun?«

Welche Kompetenzen und Haltung benötigen Sie?

BEISPIEL

> Der neue Teamleiter Peter K. hat sich zu Beginn seiner Tätigkeit nicht nur Freunde unter seinen Mitarbeitern geschaffen. Viele Mitarbeiter sprechen hinter seinem Rücken über ihn und beschweren sich darüber, dass er die Aufgaben zu eng definiere, zu viele Details vorschreibe und die Ausführung zu stark kontrolliere. Sie fühlen sich eingeengt und bevormundet.

Dieses Beispiel zeigt, dass Ihre neue Rolle nun andere Kompetenzen als zuvor und auch eine andere Haltung erfordert.

Wichtige Führungskompetenzen

Die Kompetenzen, die nun benötigt werden, lassen sich in drei Gruppen aufteilen: sozial-kommunikative Kompetenz, Prozess- und Methodenkompetenz, Fachkompetenz. Als Bindeglied zwischen diesen einzelnen Kompetenzformen dient außerdem die Selbstmanagementkompetenz.

Selbstmanagement

Dadurch, dass nun sehr viele Anfragen auf Sie einströmen, werden ein effizientes und effektives Zeitmanagement sowie eine gute Arbeitsorganisation äußerst wichtig. Auch die sogenannte Work-Life-Balance spielt eine zunehmend große Rolle. Der neue Chef, der nun regelmäßig 16 Stunden am Tag arbeitet und bereits völlig übermüdet und ausgelaugt sein Tagewerk beginnt, wird kaum als sonderlich kompetent wahrgenommen. Gestehen Sie sich selbst eine Phase der zeitlichen Mehrarbeit zu Beginn zu, doch achten Sie sehr sorgfältig auf Ihre Belastung und greifen Sie ein, wenn diese Phase länger als drei Monate andauert. Folgende Möglichkeiten zum Gegensteuern bieten sich an:

- Überprüfen Sie, ob Sie noch mehr delegieren können.
- Fragen Sie sich, wie viel Kontrolle wirklich notwendig ist und ob Sie damit eventuell übertreiben.
- Prüfen Sie gemeinsam mit Ihrem Chef die Möglichkeit, neue Mitarbeiter einzustellen.
- Nutzen Sie verstärkt Zeitmanagementtools.

Sozial-kommunikative Kompetenzen

Eine äußerst wichtige Kompetenz von Führungskräften liegt darin, integrativ zu wirken. Sie treten nun als Vermittler und »Vernetzer« verschiedener Mitarbeiter, Disziplinen und Fachleute auf. Sachverhalte und auch Rahmenbedingungen müssen verständlich erläutert und unterschiedliche Interessen in Einklang gebracht werden. Mitarbeiter möchten eingebunden und gelobt werden. Genauso wichtig ist es aber auch, Kritik wertschätzend und nachvollziehbar zu äußern.

Prozess- und Methodenkompetenzen
Wie erwähnt, müssen Sie Unternehmensziele in konkrete Ziele für die Mitarbeiter umwandeln. Hierfür ist es notwendig, Pläne aufzustellen, Teilziele zu identifizieren, Projekte zu initiieren und vieles mehr. Auch die Durchführung von Besprechungen oder die Fähigkeit, eine gelungene Präsentation zu halten, gehören nun zu den notwendigen Kompetenzen.

Fachkompetenzen
Gerade im Bereich der Fachkompetenz begehen neu ernannte Führungskräfte oft einen Denkfehler: Sie glauben, dass diese essentiell sei. Manchmal kann ein Übermaß an Fachkompetenz jedoch vielmehr bewirken, dass man »schlecht« führt. Andererseits könnten für die neue Aufgabe nun auch Inhalte wie beispielsweise Kenntnisse im Arbeitsrecht, im Bereich Arbeitssicherheit und Ähnliches von Bedeutung sein. Warum ein Zuviel an Fachkompetenz auch hinderlich sein kann, beleuchten wir im Kapitel »Welche Haltung brauchen Sie?«.

Zunächst möchte ich Ihnen eine Kompetenzcheckliste an die Hand geben, die Ihnen hilft, eine Selbstreflexion durchzuführen und wichtige Bedarfe festzustellen.

Checkliste: Welche Kompetenzen habe ich?

Sozial-kommunikative Kompetenz

Ich kenne die typischen Gesprächsanlässe

... kenne die wichtigsten Kommunikationstechniken

... weiß, wie ich Gespräche lenken kann

... kann unterschiedliche Interessen vereinen

... kann sowohl Lob als auch Kritik aussprechen

... habe diese Kompetenzen bereits im Job geübt

... besitze Literatur zu diesen Themen

... habe Seminare zu diesen Themen besucht

Prozess- und Methodenkompetenz

Ich kenne die Unternehmens- und Bereichsziele

... kenne Planungstechniken

... kann Ziele in Teilziele umwandeln

... kenne Projektmanagementtechniken

... fühle mich wohl bei Präsentationen

... kann Besprechungen moderieren

... habe diese Kompetenzen bereits im Job geübt

... besitze Literatur zu diesen Themen

... habe Seminare zu diesen Themen besucht

Fachkompetenz

Ich habe die notwendige Fachkompetenz für meine (neue) Aufgabe, z.B. Arbeitsrecht

... habe diese Kompetenzen bereits im Job geübt

... besitze Literatur zu diesen Themen

... habe Seminare zu diesen Themen besucht

Selbstmanagement

Ich achte auf meine Auslastung

... kenne und nutze Zeitmanagementtools

... fühle mich wohl dabei, Aufgaben abzugeben

| ... habe diese Kompetenzen bereits im Job geübt |
| ... besitze Literatur zu diesen Themen |
| ... habe Seminare zu diesen Themen besucht |

Falls Sie sich noch in der Vorbereitungsphase auf Ihre Führungsaufgabe befinden, so nutzen Sie die obige Checkliste, um mögliche Schwächen zu beheben. Sprechen Sie mit Ihrem Chef und fragen Sie, wo Sie bereits in Ihrer aktuellen Mitarbeiterrolle »üben« können. So könnten Sie Besprechungen schon jetzt moderieren oder auch Sachverhalte präsentieren, um langsam in Ihre Führungsrolle hineinzuwachsen.

Sollten Sie Ihre Führungsrolle bereits übernommen haben, so nutzen Sie die ersten 100 Tage konsequent für das Überprüfen der eigenen Kompetenzen. Wo brauchen Sie gegebenenfalls noch Unterstützung? Vereinbaren Sie beispielsweise einen Termin mit der Personalabteilung und lassen Sie sich Tipps zum Arbeitsrecht geben, falls keine internen Seminare zum Thema angeboten werden. Sollten Sie größere Lücken entdecken, so sprechen Sie mit Ihrem Chef und erörtern Sie die Möglichkeit, Seminare zu besuchen. Er hat Sie vermutlich zur Führungskraft gekürt und möchte sicherlich auch, dass Sie in dieser Funktion erfolgreich sind.

Welche Haltung brauchen Sie als Führungskraft?

In meinen Seminaren mit neu ernannten Führungskräften habe ich häufig folgende spannende Gruppenarbeit durchgeführt:

Die Teilnehmer wurden in zwei Gruppen aufgeteilt und gebeten, sich während der Bearbeitung der zu lösenden Aufgabe nicht auszutauschen. Eine Gruppe habe ich mit der Frage »Was glauben Sie, erwarten Ihre Mitarbeiter von Ihnen?« konfrontiert. Die andere bearbeitete die Frage »Was erwarten Sie von Ihrem Chef?« Es sollte eine »Top-Five-Liste« der wichtigsten fünf Kriterien erstellt werden, verbunden mit der Bitte, diese Kriterien in eine Rangfolge zu bringen.

Sicherlich ist Ihnen aufgefallen, dass es sich inhaltlich um die gleiche Frage handelt, die jedoch einmal auf die nächsthöhere und einmal auf die niedrigere Hierarchieebene zielt. Die Idee, was von Führung erwartet wird, ist in beiden Fällen zentral. Die erste Gruppe (»Was, glauben Sie, erwarten Ihre Mitarbeiter von Ihnen?«) arbeitet regelmäßig Antworten heraus, die ungefähr wie folgt zusammengefasst werden können:

- Fachkompetenz
- Guter Problemlöser und Redner
- Steuern und klare Zielvermittlung
- Vorbildfunktion
- Lob und Wertschätzung

Schauen wir uns nun an, zu welchen Antworten die zweite Gruppe (»Was erwarten Sie von Ihrer Führungskraft?«) in der Regel gelangt:

- Freiheiten
- Kompetenzzuschreibung und -erweiterung

- offenes Feedback
- Wertschätzung
- Unterstützung

Sie sehen, dass Teilnehmer, denen die Rolle eines Mitarbeiters zugewiesen wird, offensichtlich andere Dinge als wichtig erachten als diejenigen, die eine Führungskraft »spielen«.

Halten Sie sich zurück
Um es auf den Punkt zu bringen: Mitarbeiter erwarten oftmals nicht, dass ihre Führungskraft unglaublich fachkompetent ist und alle Probleme lösen kann bzw. detaillierte inhaltliche Vorgaben macht. Stattdessen möchten sie klare Ziele haben, aber auch inhaltliche Freiheiten, um sich selbst einbringen zu können. Sie möchten zeigen, dass sie selbst kompetent sind, und sich weiterentwickeln. Eine gute Führungskraft sollte sie in ihren Augen bei Fehlern in Schutz nehmen, ihnen aber auch die Möglichkeit geben, sich ausprobieren zu können, damit eine Weiterentwicklung stattfinden kann.

Die Reflexion dieser Ergebnisse hilft Ihnen in der neuen Führungsrolle weiter: Ich habe oft erlebt, dass die größte Befürchtung darin bestand, als Führungskraft nicht auf alle Fragen eine Antwort zu haben oder jedes Problem lösen zu können. Ihre Mitarbeiter erwarten dies oftmals gar nicht! Schaffen Sie stattdessen einen Lösungsraum, in dessen Rahmen Mitarbeiter eigene Vorgehensweisen entwickeln können.

Eine Einschränkung gilt jedoch: Die obigen Aussagen hängen natürlich von dem Grad ab, in dem Sie selbst noch operativ in das Geschäft eingebunden sind. Teamleiter, die weiterhin sehr stark (mit 70 bis 90 Prozent ihrer Arbeitszeit) im Team mitarbeiten, benötigen zweifellos noch mehr Fachkompetenz als ihre Führungskollegen, die dieses Verhältnis umgekehrt haben. Um der Führungsaufgabe gerecht werden zu können, gilt die Faustregel, dass man den operativen Anteil mit Hilfe von Delegation auf etwa zehn bis 30 Prozent reduzieren sollte.

Mit steigendem Hierarchiegrad wird detailliertes Fachwissen jedoch immer weniger bedeutsam. Hierfür haben Sie nun Ihre Spezialisten auf Mitarbeiterseite, die sich freuen, wenn ihre Kompetenz benötigt wird. Als Führungskraft sind Sie nun im Wesentlichen dafür verantwortlich, einen Rahmen zu schaffen, innerhalb dessen die Mitarbeiter sich entfalten können. Wie dieser Rahmen aussehen könnte, verdeutlicht das folgende Modell.

Setzen Sie einen Führungsrahmen
Die folgende Abbildung nutzt das Bild einer Autobahn, um einen Führungsrahmen zu beschreiben. Wenn Sie auf einer Autobahn fahren, haben Sie ein Ziel, auf das Sie zusteuern, und Leitplanken, die Ihre Fahrbahn begrenzen. Diese Leitplanken bieten zugleich Schutz und Orientierung.

Die Führungsautobahn zeigt, dass Sie als Führungskraft vorrangig für Ziele und Erwartungen zuständig sind. Beispielsweise vereinbaren Sie, dass im nächsten Jahr 200 Verträge abzuschließen sind (Ziel) und dabei die Stornoquote unter ein Prozent zu liegen hat (Erwartung). Die »Leitplanken« der Führungsautobahn geben an, in welchem Raum sich der Mitarbeiter bewegen kann. Solange er die zeitlichen und sonstigen Vorgaben einhält, ist es gleich, ob das Ziel direkt oder auf leichten Umwegen erreicht wird.

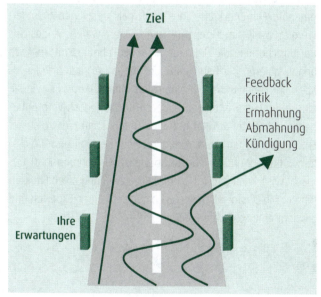

Die Führungsautobahn

Führen Sie mit jedem Ihrer Mitarbeiter innerhalb der ersten 100 Tage ein Rahmengespräch, in dem Sie seine persönlichen Leitlinien abstecken. Etablieren Sie außerdem Team-Leitlinien für die effiziente Abhaltung von Teamsitzungen. Wenn der Mitarbeiter jedoch die »Leitplanken« Ihrer Erwartungen verlässt (vgl. Beispiel im Abschnitt »Wo Ihr Einfluss endet«), müssen sukzessiv die folgenden Führungsinstrumente angewandt werden: Feedback, Kritikgespräch, Ermahnung, Abmahnung, Kündigung.

Wie eingangs erwähnt, liegt hier eine große Gefahr für neu ernannte Führungskräfte, die ja oftmals deswegen befördert werden, weil sie exzellente Spezialisten waren. Angesichts der Unsicherheit, die die neue Rolle als Führungskraft mit sich bringt, agieren sie häufig aus der ihnen vertrauten Rolle als Spezialist heraus und schreiben den Mitarbeitern vor, wie sie eine Aufgabe zu erledigen haben. Falls sie jedoch vom Mitarbeiter nicht aktiv um Rat gefragt wurden, kann dies zu seiner Entmündigung und zum Verhindern von persönlichem Wachstum führen. Wenn der beste Spezialist zur Führungskraft gemacht wird, kann dies im Extremfall zu zwei negativen Effekten führen: Die Organisation verliert einen sehr guten Experten und gewinnt eine schlechte Führungskraft.

> Sie sind als Führungskraft vorrangig für Ziele und Erwartungen verantwortlich.

Vom Kollegen zum Chef

Viele neu ernannte Führungskräfte machen sich große Sorgen, von den bisherigen Kollegen nicht akzeptiert zu werden oder nun

Fehler zu begehen. Als Mitarbeiter wusste man ja, wie man sich zu verhalten hatte. In der neuen Chefrolle jedoch befürchten viele, nicht den Erwartungen zu entsprechen. Diese Befürchtungen sind in den allermeisten Fällen unbegründet. Natürlich kann der Übergang für beide Seiten etwas schwierig sein, weil man noch nicht weiß, wie man künftig miteinander umgehen soll. Sind Privatgespräche immer noch angebracht oder sollte man mehr Distanz wahren? Bleibt man beim »Du« oder ist jetzt das Siezen angebracht? Im Folgenden einige Tipps zu den wichtigsten Fragen.

Soll oder darf ich Mitarbeiter duzen?

Wenn Sie Kollegen bisher geduzt haben, so sollten Sie dies auch unbedingt beibehalten. Natürlich kann eine gewisse Distanz für Sie nun hilfreich sein, doch wenn Sie die bisherige vertraute Anrede verlassen, kann dies sehr schnell in eine wahrgenommene Arroganz umkippen. Vertrauen Sie darauf, dass Ihre Mitarbeiter als erwachsene Menschen genau wissen, dass Sie derjenige sind, der am Ende des Jahres ihre Bewertung vornimmt. Für neue Mitarbeiter sollte gelten, dass Sie diesen nicht automatisch das »Du« anbieten, sondern dabei Ihrem Gefühl folgen. Wenn Sie befürchten, dass es als ungerecht wahrgenommen werden könnte, dass Sie einige Mitarbeiter duzen, andere aber siezen, dann sprechen Sie Ihre Regel direkt an. Sie könnten beispielsweise sagen: »In der Regel sieze ich meine Mitarbeiter und ich möchte das auch bei Ihnen so handhaben. Sie werden aber auch feststellen, dass ich einige Mitarbeiter duze. Das liegt daran, dass ich mit ihnen schon seit über zehn Jahren zusammenarbeite und wir als Kollegen gemeinsam gestartet sind.«

Soll ich weiterhin private Gespräche führen?

Eine gute Führungskraft interessiert sich für ihre Mitarbeiter und daher ist es selbstverständlich, dass man auch über private Themen spricht und gegebenenfalls nachfragt. Vermeiden Sie es aber, zu viele eigene private Informationen preiszugeben. Viele Mitarbeiter erleben es als grenzüberschreitend, wenn der Chef beispielsweise von seiner letzten Darmspiegelung erzählt. Entwickeln Sie also eine Sensibilität dafür, was akzeptabel ist und was lieber unerwähnt bleiben sollte. Ein klares Tabu für private Gespräche, das nicht verletzt werden sollte, ist der Austausch über Mitarbeiter, Kollegen oder auch andere Führungskräfte. Vermeiden Sie unbedingt missgünstige Gespräche über andere. Wenn Beschwerden an Sie herangetragen werden, so müssen Sie diese professionell behandeln und entweder zurückdelegieren (»Haben Sie mit dem Kollegen bereits gesprochen?«) oder auf ein Konfliktklärungsgespräch zu dritt bestehen. Auf keinen Fall dürfen Sie als Führungskraft die typischen missgünstigen Teeküchengespräche über andere führen, weil diese »Kumpelhaftigkeit« schlicht unprofessionell ist.

Wie gehe ich mit Neid um?

Die Vermutung, dass einem die Kollegen die Beförderung neiden, trifft oftmals nicht zu. Viele sind sogar froh, dass die schwierige Führungsaufgabe an ihnen vorbeigegangen ist. Tappen Sie also nicht in die Falle, Ihren Kollegen Neid zu unterstellen. Gönnen Sie ihnen Zeit, sich an Ihre neue Rolle zu gewöhnen, und interpretieren Sie nicht jeden »schiefen« Blick als Neid oder Nichtakzeptanz Ihrer Person.

Falls es jedoch zu offener Kritik oder klaren Äußerungen der Missgunst kommt, dann müssen Sie handeln. Führen Sie ein klärendes Gespräch mit dem Mitarbeiter. Oftmals reicht es schon, die gegenseitigen Erwartungen zu benennen und Wünsche herauszuarbeiten. Fest steht jedoch, dass nun Sie die Position innehaben. Somit könnten Sie folgendermaßen argumentieren: »Ich kann mir vorstellen, dass die Situation für Sie nicht einfach ist, weil Sie auch gerne Teamleiter geworden wären. Ich halte Sie auch für sehr kompetent und Sie sind als Mitarbeiter äußerst wichtig für mich. Fakt ist, dass ich Teamleiter bin und es auch bleiben möchte. Vor diesem Hintergrund ist meine Frage nun sehr wichtig: Was brauchen Sie jetzt von mir, was ist Ihnen wichtig, damit wir beide gut zusammenarbeiten können?« Wenn der Mitarbeiter sich nun öffnet und auch seine Befürchtungen anspricht (z. B. dass er in seinen Kompetenzen beschnitten werden könnte), dann können Sie mit ihm verhandeln und prüfen, was Sie an den Kollegen delegieren könnten. Ziel eines derartigen Gespräches ist es also, festzustellen, welche Vereinbarungen getroffen werden müssen, damit man zukünftig gut zusammenarbeiten kann.

Falls Sie jedoch weder sofort noch später ein Einlenken feststellen (manchmal lösen sich solche Konflikte auch im Tagesgeschäft), dann müssen Sie mit Ihrem Chef abklären, ob der Mitarbeiter versetzt oder entlassen werden kann, da eine missgünstige Stimmung oft für das ganze Team zur Belastung wird. Meiner Erfahrung nach stellt dieser drastische Schritt jedoch die absolute Ausnahme dar; in den allermeisten Fällen löst das klärende und wertschätzende Gespräch den Konflikt oder dieser endet im Zuge der Zusammenarbeit von allein.

Auf einen Blick: Sie übernehmen Führung

- Werden Sie sich der Aufgaben und Grenzen Ihrer Führungsverantwortung bewusst.
- Reflektieren Sie die Anforderung an Führung aus verschiedenen Perspektiven und machen Sie sich die damit verbundenen Konsequenzen bewusst.
- Prüfen Sie konsequent und dauerhaft die eigenen Kompetenzen und die Ihrer Mitarbeiter.
- Kommunizieren Sie Abteilungs- bzw. Teamziele sowie Ihre generellen Erwartungen in der Gruppe.
- Nutzen Sie bei Abweichungen die Möglichkeiten der Führungsautobahn.

Die Erwartungen Ihres Chefs – Ihre Maßnahmen

Viele neu ernannte Führungskräfte scheitern, weil sie mit ihrem Chef nicht zurechtkommen. Letztlich ist er oder sie es, die bewerten, wie erfolgreich Sie in Ihrer neuen Funktion agieren.

Lesen Sie hier,

wie man die Persönlichkeit des anderen einzuschätzen lernt,

- welche unterschiedlichen Anforderungen verschiedene Cheftypen an Sie richten,
- was Sie bei Ihrem Chef unbedingt vermeiden müssen,
- wie Ihre Ziele aus den Unternehmenszielen abgeleitet werden,
- wie man Ziele und Aufträge verlässlich klärt,
- wovon Ihr Chef abhängig ist.

Welcher Typ Mensch ist Ihr Chef?

Falls Sie in Ihrem bisherigen Berufsleben mit mehr als einem Chef zusammengearbeitet haben, so ist Ihnen sicherlich aufgefallen, dass es »Harmonieunterschiede« gab; sie kamen mit dem einen besser zurecht als mit dem anderen. Dies ist völlig normal und letztlich auch menschlich: Sympathie und auch Antipathie lassen sich eben nicht steuern. Oder doch?

Das Geheimnis der Sympathie

Oftmals weiß nur unser Unterbewusstsein, woran es liegt, dass uns ein Mensch vom ersten Moment an sympathisch ist – oder auch nicht. Können Sie Ihr persönliches Kriterium definieren? Denken Sie einmal zurück an einen Ihrer früheren Chefs, der Ihnen nicht sympathisch war. Woran lag es? Analysieren Sie mithilfe der folgenden Übung konkrete Situationen, in denen Sie Ihren Chef als unsympathisch erlebt haben:

ÜBUNG

> Listen Sie konkrete Verhaltensweisen und Situationen Ihres früheren Chefs (oder auch eines schwirigen Kollegen) auf, die auf Sie unsympathisch wirkten. Was wurde gesagt oder getan? Wie wurde es gesagt (wurde der Chef oder Kollege laut oder sogar sehr leise)? Welche Ansprüche waren Ihres Erachtens überzogen oder sogar unrealistisch?

Wenn Sie diese Liste erstellt haben, dann ergänzen Sie einmal das Verhalten und den Kommunikationsstil, die Sie selbst in diesen typischen Situationen üblicherweise an den Tag legen.

Ich wette mit Ihnen, dass Sie in fast allen Punkten Ihrem Typ entsprechend anders handeln würden als die Person, die Ihnen in diesem Augenblick unsympathisch war. Wenn der Chef beispielsweise in einer Situation brüllte und Sie dies als unpassend empfanden, dann sind Sie eher jemand, der Konflikte gerne ruhig klärt. Wenn Sie einen Chef jedoch unsympathisch fanden, der einer Problemklärung aus dem Weg ging und sich damit in Ihren Augen wegduckte, dann sind Sie vielleicht eher jemand, der Unangenehmes gern offen bespricht, auch wenn dies bedeutet, dass man einmal lauter werden muss oder dass kritische Punkte auf den Tisch gebracht werden.

Sympathie lässt sich dementsprechend recht einfach beschreiben: Es handelt sich um wahrgenommene Ähnlichkeit! Menschen, die uns ähnlich sind, werden von uns als sympathischer wahrgenommen als solche, die uns nicht ähneln. Wie äußert sich nun Ähnlichkeit? Sie werden feststellen, dass es sich hierbei schon um kleine und banale Unterschiede handeln kann, wie das folgende Beispiel zeigt.

BEISPIEL

> Die Abteilungsleiterin eines Personalbereichs hatte eine Kollegin, die ihr bereits seit mehreren Jahren sehr unsympathisch war. Dies ging soweit, dass sie sich bereits aufregte, wenn der Name der Kollegin im Telefondisplay erschien. Woher die Antipathie jedoch kam, war der Abteilungsleiterin nicht klar. Später stellte sie fest, dass sich beide in ihrer Sprechgeschwindigkeit deutlich unterschieden: Während die Abteilungsleiterin sehr schnell sprach, hatte die Kollegin eine sehr langsame und bedachte Sprache. Allein dieser kleine Unterschied führte dazu, dass die beiden sich nicht sympathisch waren.

Natürlich gibt es neben der Sprechgeschwindigkeit noch weitere Dimensionen und Verhaltensweisen, in denen sich Menschen ähneln oder unterscheiden. Dazu gehören z. B.:

- Lautstärke
- Körpersprache (aufrechte versus gebückte Haltung, ausladende Gesten versus kleine Bewegungen)
- Interessen
- allgemeine Werte

Für das Verhältnis mit Ihrem Chef bedeutet dies, dass Sie vermutlich besser miteinander auskommen, wenn Sie Gemeinsamkeiten finden und nutzen. Natürlich sollten Sie deshalb keineswegs versuchen, Ihre Persönlichkeit zu verändern und sich völlig auf Ihren Chef einzustellen. Manchmal genügt es bereits, einen kleinen Schritt auf den Chef zuzugehen, um Anerkennung zu finden.

BEISPIEL

> In seiner neuen Position als Teamleiter hatte Hans P. immer wieder Schwierigkeiten mit seinem Chef. Dieser neigte dazu, seine Kritik lautstark zu äußern. Hans P. behagte dieser Stil überhaupt nicht und er wurde immer wortkarger und leiser, je mehr sein Chef sich aufregte. Dies führte jedoch dazu, dass sein Chef sich immer ungestümer aufführte. Eines Tages jedoch durchbrach Hans P. diesen Teufelskreis, indem er selbst auf den Tisch schlug und laut wurde, ohne jedoch beleidigend zu sein. Sein Chef war zunächst überrascht, hörte nun jedoch zu. Hans P. gewann den Eindruck, dass er mit dieser Widerrede den Respekt seines Chefs errungen hatte.

Vorläufiges Fazit: Machen Sie sich bewusst, dass es gerade in kritischen Situationen darauf ankommt, eine Art Übereinstimmung mit dem Gegenüber zu erreichen. Eine gute Methode hierfür ist ein graduelles Annähern mittels wahrgenommener Ähnlichkeit. Gehen Sie also auf Ihren Chef zu, statt sich über seine Defizite aufzuregen. Stimmen Sie Ihr Vorgehen dabei auf den Charakter Ihrer Führungskraft ab. Wie das geht, betrachten wir auf den nächsten Seiten.

Analysieren Sie die Persönlichkeit Ihres Gegenübers

Bitte beachten Sie, dass die im Folgenden beschriebenen Typen jeweils einen Idealtypus darstellen und es natürlich auch Mischformen gibt. Ihre Aufgabe wird es sein, herauszufinden, zu welchem Typus Ihr Chef am ehesten gehört. Wichtig ist zudem die Feststellung, dass Adjektive wie »organisiert« oder »kreativ« keine Wertung suggerieren sollen. Sie werden sehen, dass keiner der skizzierten Typen von Vornherein einen »besseren« Chef charakterisiert, sondern dass dies immer von der konkreten Situation oder Aufgabe abhängt.

Der organisierte Typ

Der organisierte Chef legt viel Wert auf Vorbereitung, Struktur und Form. Ihm ist es sehr wichtig, dass ein Thema gründlich und umfassend bearbeitet wird. Entscheidungen untermauert er mittels Zahlen, Daten und Fakten. Neue Themen werden daher erst nach einer soliden Analyse und Prognose angegangen.

Dieser Chef könnte dementsprechend auch als »Bewahrer« bezeichnet werden. Er schätzt es, wenn Besprechungen pünktlich beginnen, auf einer Agenda fußen und sehr strukturiert ablaufen. Der organisierte Typus wird ungern von Anfragen und Themen überrascht; er möchte sich vorbereiten und zieht daher Terminanfragen spontanen Meetings vor. Der Moderationsmethode »Brainstorming« beispielsweise steht er sehr skeptisch gegenüber, da ihm diese zu unstrukturiert und zufallsbasiert erscheint. Der organisierte Chef legt auf Form großen Wert.

BEISPIEL

> Die Nachwuchsführungskraft Ralph G. hatte gerade einen sehr interessanten Artikel über Großgruppenmoderationsmethoden gelesen, in dem der Autor beschrieb, wie man mit Arbeitsgruppen von bis zu 200 Teilnehmern zeitgleich an einem wichtigen Unternehmensthema arbeiten und dabei sensationelle Ergebnisse erzielen kann. Ralph G. war so begeistert, dass er diesen Artikel kurz mit seinem Chef besprechen wollte. Auf die Frage hin, ob er »mal kurz Zeit hätte«, reagierte sein Chef bereits sehr ungehalten. Sein Unmut wuchs beim Zuhören weiter, bis er Ralph mit den Worten »Das ist doch alles Träumerei, das geht bei uns nicht!« unterbrach und sich zu einem dringenden Meeting verabschiedete.

Dieses Beispiel zeigt, dass es nicht nur auf die Qualität einer Idee ankommt, sondern auch darauf, wie diese an den Chef herangetragen wird. Ralph G. hat bei seinem organisierten Chef mehrere Fehler begangen: Er hat ihn »überfallen«, statt um einen Termin mit konkreter Zielvorstellung zu bitten. Der Artikel beschrieb zwar ein erfolgreiches Projekt, bot aber keine wissenschaftlichen Daten zur generellen Erfolgsquote derartiger

Verfahren, und Ralph konnte keinen konkreten Nutzen für das Unternehmen aus ihrem Einsatz vermitteln.

So verhalten Sie sich optimal beim organisierten Typ
- Seien Sie pünktlich bei Besprechungen.
- Bereiten Sie sich sorgfältig vor.
- Nutzen Sie Zahlen, Daten und Fakten für Ihre Argumentation.
- Argumentieren Sie knapp und auf den Punkt.
- Achten Sie auf die Form Ihrer Präsentation (korrekte Schreibweise, Formatierung usw.).

Das sollten Sie unbedingt vermeiden
- »Überfallen« Sie Ihren Chef nicht.
- Überfrachten Sie ihn nicht mit zu vielen Ideen.
- Machen Sie sich nicht über seine pedantische Art lustig.
- Springen Sie nicht zwischen den Themen, machen Sie den roten Faden deutlich.

Der organisierte Typ hat einen natürlichen Gegenspieler, der in den Chefetagen fast ebenso häufig vorkommt: den Kreativen.

Der kreative Typ

Da der kreative Chef den Gegenpol zum organisierten Typ darstellt, können Sie die meisten der o. g. Eigenschaften ins Gegenteil verkehren. Es kommt zwar vor, dass auch dieser Typus Pünktlichkeit schätzt, jedoch oft aus anderen Gründen als der organisierte Typ: Für ihn stellt Pünktlichkeit eher ein nützliches Mittel dar, um den Anforderungen eines gelungenen Zeitmanagements gerecht zu werden, als einen Wert an sich. Viel wichtiger als diese »kleinlichen« Werte ist ihm das Gesamtkonzept. Ein kreativer Chef wird dementsprechend vieles verzeihen, sofern die Idee stimmt. So ist ihm im Extremfall ein handschriftliches Konzept, das eine Vision vermittelt, lieber als eine sorgfältig ausgearbeitete PowerPoint-Präsentation, die in seinen Augen keine neue Idee bringt. Er schätzt Abwechslung und ist aufgeschlossen für Neues, nicht zuletzt, weil er sich schnell langweilt. Zahlen und Fakten ermüden ihn eher, können aber mitunter wichtig sein, um seine Ideen der eigenen Führungskraft zu vermitteln.

So verhalten Sie sich optimal beim kreativen Typ

- Überraschen Sie ihn.
- Reißen Sie ihn auch mal aus der täglichen Routine.
- Argumentieren Sie mit dem Gesamtbild (Visionen, langfristige Strategien).
- Nutzen Sie mitreißende Erfolgsgeschichten.
- Nutzen Sie Filmeinspieler für Ihre Präsentationen.

Das sollten Sie unbedingt vermeiden

- Zu viele Zahlen
- Beharren auf Form und bisheriger Vorgehensweise
- Farblosigkeit
- Zu häufig pauschale Bedenken äußern (»Das geht bei uns nicht«, »Das haben wir aber immer so gemacht«)

Neben diesen beiden Polen gibt es noch ein zweites Gegensatzpaar. Auch hier sollten Sie nun versuchen, Ihren Chef eher dem einen oder dem anderen Typus zuzuordnen.

Der harmonieorientierte Typ

Harmonieorientierte Chefs legen sehr viel Wert darauf, dass die zwischenmenschlichen Beziehungen frei von Reibungen und Konflikten sind. Sie lassen sich ungern auf Konflikte ein und versuchen dementsprechend, Konfliktlösungen in das Team zurück zu delegieren. Aus diesem Grunde fallen ihnen Entscheidungen, die einzelne Teammitglieder benachteiligen könnten, sehr schwer. Der harmonieorientierte Chef spart hingegen nicht mit Lob und ist bemüht, eine gute Arbeitsatmosphäre herzustellen. Gegen hierarchisch höhergestellte Führungskräfte setzt sich dieser Typus ungern durch; er neigt eher dazu, Kompromisse einzugehen und im Zweifel nachzugeben. Die Entwicklung und Zufriedenheit seiner Mitarbeiter ist ihm jedoch sehr wichtig. Er sieht sein Team als Familie an und pflegt seine sozialen Kontakte mit den Mitarbeitern.

So verhalten Sie sich optimal beim Harmonieorientierten

- Auch wenn Sie eher distanziert sind, gehen Sie teilweise auf den Wunsch nach sozialem Austausch ein.
- Loben Sie Ihren Chef auch einmal.
- Pflegen Sie Smalltalk.
- Versuchen Sie ihn soweit wie möglich aus Konfliktlösungen herauszuhalten.
- Falls Sie ihn kritisieren müssen, so achten Sie darauf, Person von Verhalten zu trennen; kritisieren Sie »sanft«.
- Falls eine Entscheidung zwingend getroffen werden muss, dann üben Sie Druck aus: Argumentieren Sie z.B., dass eine höhergestellte Führungskraft es übelnehmen wird, wenn eine Entscheidung ausbleibt, oder verweisen Sie auf die dramatischen Konsequenzen des Nichthandelns.

> **Das sollten Sie unbedingt vermeiden**
> - Unpersönliches Abkanzeln
> - Nichteingehen auf persönliche Gespräche
> - Überzogenen Druck und Kritik in alltäglichen Belangen
> - Zu förmliches und sachliches Verhalten

In den Chefetagen ist der harmonieorientierte Typ heute etwas unterrepräsentiert gegenüber seinem Gegenpol, dem Distanztyp. Dennoch gibt es ihn und es ist sehr wichtig, dass man insbesondere mit seiner Zurückhaltung bei Entscheidungen und Konflikten umzugehen lernt.

Der Distanztyp

Der Distanztyp verhält sich erwartungsgemäß eher distanziert im Umgang mit Mitarbeitern und Kollegen. Er kritisiert andere freimütig und stellt sich Konflikten bereitwillig und teilweise auch freudig. Er hat einen natürlichen Macht- und Kompetenzanspruch und verfolgt diesen konsequent. In Diskussionen kann er bisweilen laut und aggressiv auftreten. Er ist ein »Macher« und Umsetzer. Bei zu starker Kritik an seiner Person oder Kompetenz reagiert er häufig mit Gegenangriffen. Er ist ein ausgeprägter Individualist. Anders als andere zu sein, ist ihm sehr wichtig.

So verhalten Sie sich optimal beim Distanztyp

- Reagieren Sie eher auf Smalltalk, als diesen regelmäßig aktiv anzubieten.
- Erwarten Sie nicht zu viel Lob oder Nähe.
- Argumentieren Sie auf den Punkt.
- Erbitten Sie Unterstützung und zeigen Sie damit, dass Sie die Kompetenz des Chefs wertschätzen.
- Nutzen Sie Ich-Botschaften bei Kritik (»Ich fühle mich dabei sehr unwohl, können Sie mir einen Tipp geben?«).
- Geben Sie deutliches Feedback, vermeiden Sie jedoch eine allzu aggressive Ansprache.

Das sollten Sie unbedingt vermeiden

- Zu persönliches, kumpelhaftes Verhalten
- Öffentliche Kritik und Absprechen von Kompetenz
- Dozieren (»Sie müssen/sollten dies so handhaben«) sowie in die Enge treiben/vor vollendete Tatsachen stellen
- Zu weiches, um Verzeihung bittendes Verhalten

Das folgende Schaubild zeigt die unterschiedlichen Typen und ihre wesentlichen Vor- und Nachteile. Analysieren Sie Ihren Chef und entwickeln Sie zeitnah eine neue Strategie, wie Sie ihm künftig entgegentreten möchten.

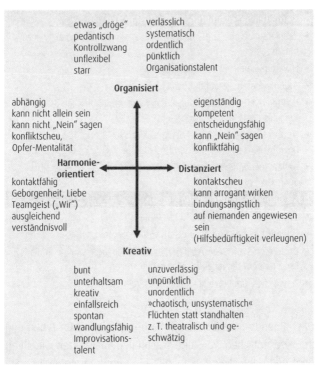

Persönlichkeitsmodell (modifiziert nach Thomann/Riemann)

Klären Sie Ziele und Aufträge

Eine erfolgreiche Führungskraft ist sich der grundsätzlichen Unternehmensziele bewusst und versteht es, diese in konkrete Aufgaben für ihre Mitarbeiter zu übersetzen. Die erste Bezugsquelle für erfolgskritische Ziele ist momentan natürlich Ihr Chef, da Sie als neu ernannte Führungskraft zunächst noch stark von Auftragsdelegationen Ihrer Führungskraft abhängig sind. Bei weiterem Aufstieg in der Hierarchie wird es immer mehr zu Ihrer Aufgabe gehören, eigeninitiativ Ziele zu entwickeln, die dazu beitragen, die Unternehmensvision umzusetzen. Daher möchte ich Ihnen zunächst einen Überblick über die Quellen Ihrer Ziele und Aufgaben geben.

Die Zielkaskade

Die folgende Abbildung zeigt, dass auch die Ziele, die Ihr Chef an Sie weitergibt, einer grundlegenden Unternehmensvision entspringen. Für jeden Bereich im Unternehmen sowie für jede Führungsebene werden »abstrakte« Visionen und Werte in konkrete Aufgaben umgewandelt. In Ihrer neuen Aufgabe sollten Sie sich dafür interessieren, wie die Weichen auf Unternehmensebene gestellt werden und welche Entwicklungen dort stattfinden, denn diese werden sich früher oder später auch auf Ihre konkreten Aufgaben auswirken.

Nutzen Sie Klärungsfragen

Wie die Zielkaskade verdeutlicht, bedürfen die Visionen auf Unternehmensebene einer zunehmenden Konkretisierung, bis sie auf Abteilungs- und Teamebene in operativen Maßnahmen und Aufgaben münden. Mit zunehmender Führungsverantwortung obliegt Ihnen immer mehr dieser Übersetzungsprozess. Doch auch in Ihrem jetzigen Verantwortungsbereich ist die Umsetzung eines formulierten Ziels nicht immer eindeutig vorgegeben. Stellen Sie also möglichst viele Klärungsfragen, um die Zone der Mutmaßung zu verlassen. Auch wenn Ihr Chef genervt wirkt, sollten Sie nicht zu schnell lockerlassen. Was sind die wichtigsten Klärungsfelder?

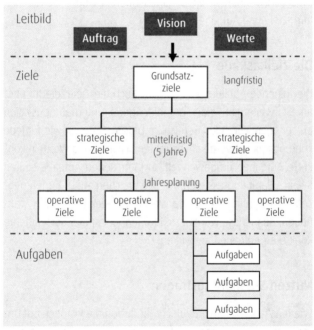

Zielkaskade
(aus: TaschenGuide »Führungstechniken« von T. Daigeler, F. Hölzl und N. Raslan, S. 34)

Kurz- und mittelfristige Ziele

»Was müsste denn in meinen ersten 100 Tagen konkret passieren, damit Sie erkennen, dass ich der Richtige für den Job bin?« wäre beispielsweise eine tolle Klärungsfrage, um die Erwartungen Ihres Chefs zu konkretisieren. Seine erste spontane Antwort verdeutlicht auch die vermutlichen Prioritäten: Wir sprechen oftmals zuerst an, wo uns wirklich der Schuh drückt. Ergänzungsfragen könnten dementsprechend sein: »Was sind Ihres Erachtens meine wichtigsten Aufgaben? Was ist Ihnen persönlich besonders wichtig? Was dagegen läuft Ihrer Meinung nach bereits sehr gut und braucht weniger meine Aufmerksamkeit?« Um eine mittelfristige Perspektive einzubeziehen, könnten Sie die zuerst genannte Frage natürlich auch auf einen Zeitraum von zwei Jahren erweitern und fragen, was idealerweise bis dahin erreicht werden sollte.

Wissenswertes über das Team/den eigenen Vorgänger

In den allermeisten Fällen hat das Team bzw. die Abteilung eine »Geschichte«. Zwar sollten Sie sich mit dieser nicht zu intensiv beschäftigen, denn die Erinnerungen Einzelner sind oftmals sehr verzerrt und Begebenheiten werden häufig auch sehr kritisch geschildert. Doch die Teamhistorie kann auch wertvolle Informationen beinhalten. Falls Ihr Vorgänger aus seinem Amt hinauskomplimentiert wurde, könnten die Gründe hierfür natürlich sehr aufschlussreich sein. Hat er seine Ziele nicht erreicht, oder kam er mit den Mitarbeitern nicht zurecht? Falls Letzteres zutrifft, welcher Führungsstil hat denn zum Eklat geführt? Natürlich können Sie Ihrem Chef, sofern noch kein Vertrauensverhältnis besteht, diese Fragen nicht direkt stellen. Dennoch kann man indirekt darauf abzielen: »Worauf sollte ich Ihrer Erfahrung nach besonders achten? Gibt es Stolpersteine? Wer steht meiner Einsetzung als Führungskraft womöglich am kritischsten gegenüber und weshalb? Haben Sie einen Tipp, wie ich ihn ins Boot holen könnte? Mit welchem Führungsstil würde ich ganz sicher scheitern?«

Prozesssteuerung und Informationsverhalten
Ihr Chef hat vermutlich eigene Vorlieben, in welcher Form und wie oft er über Ihre Aufgabenplanung und -steuerung informiert werden möchte. Finden Sie heraus, wie Sie sich gut abstimmen können und wie viel Informationen und Rückmeldung Ihr Chef benötigt. Erfahrungsgemäß ändern sich diese Abstimmungsprozesse im Zeitverlauf. Während zu Beginn Ihrer Tätigkeit noch viele Abstimmungen erforderlich sein könnten, sinkt deren Zahl mit steigendem Vertrauensverhältnis. Fragen Sie also beispielsweise: »Wie oft und wie intensiv wünschen Sie sich, dass wir uns abstimmen? Sollen wir ein wöchentliches Treffen vereinbaren, oder arbeiten Sie lieber auf Zuruf? Bevorzugen Sie eher Erfolgsmeldungen, oder möchten Sie auch über die Zwischenschritte informiert werden? Welche Reportings oder Berichte halten Sie für wichtig?« Bei Einzelaufgaben hat es sich auch bewährt, den Projekterfolg konkret zu erfragen: »Woran würden Sie konkret erkennen, dass X (das Projekt, das Konzept usw.) erfolgreich war? Was wäre hinterher anders oder besser?«

Strategie

Wenn Sie bereits erste Erfolge verzeichnen können und das Gefühl haben, dass Sie als Führungskraft etabliert sind, können Sie langsam beginnen, auch über den Tellerrand zu blicken. Was wären potentielle neue Strategien, die Ihre Abteilung oder Ihren Bereich erfolgreicher machen könnten? Wo lohnen Investitionen? Auch dies lässt sich im Gespräch mit Ihrem Chef klären: »Welche strategischen Entwicklungen sehen Sie aus Ihrer Erfahrung heraus auf uns zukommen? Gibt es Tendenzen innerhalb der Geschäftsführung, die Sie mir mitteilen können, damit ich meine Mannschaft fit machen kann?« wären beispielhafte Fragen in diesem Zusammenhang.

Überlegen Sie vor einem Klärungsgespräch mit Ihrem Chef, welche der obigen Fragen am wertvollsten sein könnten oder entwickeln Sie neue, die Ihrer spezifischen Situation noch gerechter werden. Achten Sie aber unbedingt darauf, Ihren Chefs nicht mit allzu vielen Fragen zu belasten. Die folgende Anleitung zeigt Ihnen eine mögliche Vorgehensweise. Auf jeden dieser Schritte sollten Sie sich vorbereiten, einen Gesprächstermin bei Ihrem Chef erfragen und falls möglich einen ruhigen Moment abpassen, in dem Ihr Chef auch wirklich Zeit und Muße hat, Ihre Fragen zu beantworten.

Schritt-für-Schritt: Klärung mit dem Chef	
1	Wissenswertes über das Team Zeitpunkt: vor Übernahme der Aufgabe
2	Was sollte in den ersten 100 Tagen passieren? Zeitpunkt: vor Übernahme/zu Beginn der Aufgabe
3	Welche Abstimmungen benötigen Sie? Zeitpunkt: zu Beginn der Aufgabe/wenig später
4	Welche Entwicklungen sehen Sie? (Strategie) Zeitpunkt: nach sechs bis zwölf Monaten

Natürlich gilt es auch die konkreten Aufträge, die Ihnen von Ihrem Chef übermittelt werden, zu klären. Hierfür hat sich das Akronym SMART sehr bewährt.

Seien Sie smart bei Ihren Zielen

Wie bereits erwähnt, gehört es zu Ihren vordringlichen Aufgaben als neu ernannte Führungskraft, die Ziele und Aufträge Ihres Chefs zu klären und umzusetzen. Die Erfahrung zeigt jedoch, dass es in diesem wichtigen Bereich immer wieder zu Fehlverhalten kommt.

BEISPIEL

> Ein Abteilungsleiter wird vom Vertriebsvorstand mit folgendem Auftrag betraut: »Ich brauche von Ihnen bis Montag um 14 Uhr Ideen, wie wir unsere Kundenzufriedenheit steigern können.« Der Abteilungsleiter übergibt diese Aufgabe seinem besten Mitarbeiter mit der Anweisung, bis Montag, 9 Uhr eine PowerPoint-Präsentation zu obigem Thema zu erstellen (der Abteilungsleiter wünscht sich eine »saubere« Präsentation mit Ausgangssituation, Status quo usw. im Umfang von ca. 30 Seiten). Der Mitarbeiter macht sich zähneknirschend an die Arbeit, weil er weiß, dass ihn dieser Auftrag einen Großteil seines Wochen-

> endes kosten wird. Dennoch liefert er montagmorgens eine sehr gelungene Präsentation ab. Der Abteilungsleiter ist sogar so begeistert, dass er vorschlägt, der Mitarbeiter möge selbst die Präsentation hält. Als der Mitarbeiter den Vorstand um 12 Uhr jedoch um einen Beamer bittet, reagiert dieser sehr unwirsch: »Haben Sie da etwa eine PowerPoint-Präsentation mitgebracht? Ich wollte eine Seite mit handschriftlichen Ideen, haben Sie etwa zu viel Zeit und zu wenig zu tun?«

Können Sie sich vorstellen, wie sich obiger Mitarbeiter in dieser Situation fühlt? Sicherlich macht er seiner Führungskraft nun Vorwürfe, die auch durchaus berechtigt scheinen. Der Abteilungsleiter hat es versäumt, den Auftrag zu klären. Stattdessen ist er mit einer nur vagen Idee des Vorstandsauftrags zu seinem Mitarbeiter gegangen und hat vermutlich das, was er sich selbst als Führungskraft wünschen würde, vom Mitarbeiter verlangt. Dieses Beispiel verdeutlich im Übrigen noch einmal die Typologie des letzten Abschnitts: Der Vorstand war offensichtlich ein kreativer Visionär, der wenig Wert auf Form legte, während der Abteilungsleiter deutlich organisierter agierte. Wenn Letzterer nun jedoch ohne Not und auch ohne entsprechenden Vorstandsauftrag seinen Qualitätsanspruch zum Maßstab erhebt, entstehen möglicherweise unnötiger Aufwand und Frustration.

Ziele, die Sie erhalten und ggf. an Ihre Mitarbeiter weitergeben, sollten »smart« sein. Das Akronym SMART steht für einzelne Adjektive, welche die Kriterien beschreiben, anhand derer man konstruktive, motivierende und vermutlich erfolgversprechende Ziele erkennt:

- **S**pezifisch
- **M**essbar
- **A**nspruchsvoll
- **R**ealistisch
- **T**erminiert

Man könnte auch sagen, dass smarte Führungskräfte ebensolche Ziele formulieren. Die Idee, dass Führung maßgeblich mit Zielen arbeiten sollte, geht auf den Ansatz »Management by objectives« (»Führen durch Zielvereinbarungen«) zurück, den Peter F. Drucker in den 1950er-Jahren geprägt hat und der nach wie vor Gültigkeit in der Führungspraxis besitzt. Ziele sollten also spezifisch, messbar, anspruchsvoll, realistisch und terminiert sein. Die wichtigsten Kriterien für konstruktive Ziele kennzeichnen hierbei die Buchstaben S und T:

> Der Mindestanspruch an ein formuliertes oder erhaltenes Ziel lautet, dass es spezifisch und terminiert ist.

In unserem obigen Beispiel bat der Vertriebsvorstand bis Montag, 14 Uhr um Ideen, wie die Kundenzufriedenheit zu steigern sei. Überprüfen wir nun dieses Ziel anhand unserer Mindeststandards: Es liegt eine eindeutige Terminierung vor, nämlich Montag, 14 Uhr. Das Ziel erscheint jedoch zu wenig spezifisch, wie die obige Realität gezeigt hat: Unter dem Begriff »Ideen« kann man sich manches vorstellen. Hier gilt es also, genauere Informationen einzuholen, um den Auftrag wirklich im Sinne des Auftraggebers durchzuführen. Wer als Führungskraft eine

Annahme über die Intention des Auftraggebers trifft, läuft Gefahr, zu stark eigene Anforderungen ins Spiel zu bringen und damit den Wünschen und der Persönlichkeit des Auftraggebers nicht gerecht zu werden. So könnte etwa der organisierte Typus den Auftrag eines kreativen Chefs viel zu detailliert ausführen und damit fahrlässig und verschwenderisch mit seinen Ressourcen umgehen oder aber – im umgekehrten Fall – der kreative Mitarbeiter den Auftrag eines organisierten Chefs viel zu oberflächlich bearbeiten.

> Bitten Sie zur Klärung von Zielen mindestens um einen Termin und erfragen Sie, wir sich Ihr Chef eine Lösung konkret vorstellt.

Oftmals haben Chefs jedoch auch keine richtige Vorstellung, weshalb Ihre Führungskraft auf diese Frage eventuell ungehalten reagieren und Sie um einen Vorschlag bitten könnte. Dann gilt es standzuhalten! Argumentieren Sie, es sei Ihnen besonders wichtig, dass man nicht aneinander vorbeiredet, und fragen Sie zumindest, was auf keinen Fall passieren sollte. In unserem obigen Beispiel hätte die erste Frage (»Wie soll es aussehen?«) vermutlich noch keine Klärung gefunden. Bei der zweiten jedoch (»Wie soll es keinesfalls aussehen?«), hätte der Auftraggeber vielleicht geantwortet: »Kommen Sie mir bloß nicht mit einer riesigen PowerPoint-Präsentation«, und diese Information wäre äußerst wertvoll gewesen.

Noch einige kurze Erläuterungen zu den anderen Bestandteilen von SMART: M steht für messbar, einer wünschenswerten Eigenschaft von Zielen. Bei Vertriebszielen ist dieses Kriterium quasi automatisch erfüllt, während es Führungskräften in anderen Fällen manchmal schwer fällt, einen Maßstab festzulegen. Fragen Sie sich und den Auftraggeber also, wann ein Ziel über- oder untererfüllt wäre, wie also z. B. 80 Prozent oder 120 Prozent Zielerreichung bewertet würden.

Das Akronym SMART beinhaltet schließlich noch die Buchstaben A und R. Diese beiden Kriterien – anspruchsvoll und realistisch – leiten sich aus der wissenschaftlichen Motivationsforschung ab. Demnach haben Ziele dann einen hohen Motivationsgehalt, wenn sie die Balance zwischen Anspruch und Realismus wahren. Wenn das Ziel keine Herausforderung darstellt, ist das ebenso demotivierend, als wenn es unerreichbar erscheint. In beiden Fällen sinkt die Motivation auf ein Minimum.

BEISPIEL

> Die neuen Vertriebsziele stellten eine große Herausforderung für den Verkaufsleiter dar: Obwohl sich die wirtschaftlichen Rahmenbedingungen nicht geändert hatten und auch keine sonstige Hilfestellung angeboten wurde, erwartete die Konzernleitung eine 200-prozentige Umsatzsteigerung. Allen Verkäufern war bewusst, dass sie angesichts dieser Vorgaben ihren Bonus nicht erreichen würden und sie demnach nur ihr Fixgehalt erwarten konnten. In der Folge gelang es dem Vertriebsleiter auch nicht, die Verkäufer verstärkt zu motivieren. Stattdessen machten sie »Dienst nach Vorschrift«, um so zumindest stillschweigend gegen die erhöhten, unrealistischen Ziele zu rebellieren.

Dieses Beispiel spricht nicht gegen ambitionierte Zielvereinbarungen, zeigt jedoch, dass man genau darauf achten sollte, dass die Ziele auch erreichbar, also realistisch erscheinen.

Wovon ist Ihr Chef abhängig?

Die vorherigen Abschnitte haben Ihnen einige Analysemethoden und Ideen an die Hand gegeben, um Ihren Chef und seine Ansprüche näher kennen zu lernen. Manchmal jedoch erlebt man, dass der Chef sich nicht konsistent verhält. So legen eigentlich Kreative auf einmal sehr viel Wert auf Form, während organisierte Typen recht oberflächlich zu handeln oder zu entscheiden scheinen. Woran kann das liegen?

Seien Sie versichert, dass sich die Werte und auch die Persönlichkeit Ihrer Führungskraft nicht über Nacht geändert haben! In derartigen Fällen steht vielmehr zu vermuten, dass sie von anderer Stelle in der Organisation »Druck« bekommen hat und nun deshalb in Ihren Augen nicht mehr nach vertrautem Muster, d.h. berechenbar, agiert. Damit sich Ihre Überraschung in Grenzen hält und Sie weiterhin kompetent mit Ihrem Chef zusammenarbeiten können, empfiehlt es sich, auch seine Abhängigkeiten einmal zu überprüfen.

Wenden Sie zunächst die bereits vorgestellte Analyse auf alle wichtigen Einflusskräfte an, denen Ihr Chef ausgesetzt ist. Wie ist die nächsthöhere Führungsebene gemäß unserer Typologie einzuordnen? Dies ist für Sie eine der wichtigsten Fragen, denn aus dieser Richtung besteht sehr oft Auftragsdruck für Ihren Chef. Von welchen Gremien oder Abteilungen ist der Erfolg Ihres Chefs darüber hinaus abhängig und welche Ziele verfolgen diese Instanzen vermutlich?

Wenn Sie sich der Abhängigkeiten Ihres Chefs bewusst werden, hat dies für Sie zwei entscheidende Vorteile: Sie wissen zum einen, was Sie erwarten und auch durchsetzen können, und können zum anderen Ihren Chef unterstützen und damit einen wertvollen Beitrag zum Erfolg Ihrer Abteilung leisten. Welchen Abhängigkeiten unterliegt nun Ihr Chef?

Wirtschaftliche Abhängigkeiten

Im Abschnitt »Klären Sie Ihre Ziele und Aufträge« haben wir die Zielkaskade in Organisationen analysiert. Ihr Chef unterliegt innerhalb dieser Kaskade natürlich auch wirtschaftlichen Abhängigkeiten. Vielleicht wurden Vertriebsziele auf oberster Ebene festgelegt, denen sich auch Ihre Führungskraft nicht entziehen kann. Es ergibt daher keinen Sinn, mit ihm über den Realismus bestimmter Zielvorgaben zu streiten; womöglich ist er sich durchaus darüber im Klaren, dass die angestrebten Ziele unrealistisch sind. Ihre Aufgabe besteht eher darin, ihn so gut wie möglich bei der Zielerfüllung zu unterstützen.

Natürlich ist damit kein »Kadavergehorsam« gemeint. Vielmehr sollten Sie sich angewöhnen zu fragen, wie etwas (unter verträglichen Bedingungen) erreicht werden kann, statt vorzugsweise zu begründen, warum etwas nicht geht. Alle Führungskräfte schätzen Lösungsorientierung mehr als Problemorientierung! Prüfen Sie also eingehend die Ihnen präsentierten Ziele und melden Sie Bedenken an, wenn Ihnen wesentliche Voraussetzungen zur Zielerreichung fehlen. Investieren Sie sodann jedoch alle verfügbare Energie in die Erreichung oder zumindest Begünstigung der Ziele Ihres Chefs.

Organisatorische Abhängigkeiten

Wo steht Ihr Chef innerhalb der Organisation und welche Möglichkeiten besitzt er, beispielsweise auf die Leitungsebene einzuwirken? Welche anderen Hierarchieebenen stehen in Konkurrenz zu ihm und haben eventuell leichteren Zugang zu den Entscheidungsträgern? Diese Fragen sind ebenfalls entscheidend, um das Machtgefüge, innerhalb dessen Sie sich nun bewegen, besser verstehen zu können. Analysieren Sie anhand der Erfahrungen, die Sie in den nächsten 100 Tagen sammeln, wie stark Ihr Chef auf die Organisation als Ganzes einwirken kann und wo seine Grenzen liegen. Diese Erkenntnis wird Ihnen dabei helfen, bei zukünftigen Anliegen realistisch einzuschätzen, was Sie erwarten können und was nicht.

Menschliche Abhängigkeiten

Welche Sympathien und Antipathien pflegt Ihr Chef gegenüber anderen Entscheidungsträgern? Steht Ihr Chef vermutlich am Ende seiner Karrierelaufbahn oder ist er bereits auf dem Sprung zu einer neuen Herausforderung? Sind Sie der designierte Nachfolger oder eher nur ein Lückenbüßer? Alle diese Fragen helfen Ihnen dabei, Ihre realistische Position im Unternehmen besser zu verstehen. Es macht einen großen Unterschied für Sie, ob Ihr Chef voraussichtlich noch weitere 20 Jahre auf seinem Stuhl verbleibt oder ob er sich auf den Ruhestand vorbereitet. In ersterem Fall müssen Sie sich auf eine Weiterentwicklung im Unternehmen oder auch außerhalb desselben einstellen, falls Sie mit Ihrer momentanen Position nicht langfristig zufrieden sind.

Ihre Maßnahmen

Nehmen Sie sich etwas Zeit und ein Blatt Papier. Auf diesem tragen Sie die wichtigsten Abhängigkeitsverhältnisse Ihres Chefs gemäß obiger Kategorien ein und identifizieren hierbei auch die wichtigsten Akteure. Statt beispielsweise vom »Einkauf« zu sprechen, nennen Sie den dortigen Abteilungsleiter und versuchen diesen ebenfalls in die beschriebene Typologie einzuordnen. Analysieren Sie, welche Auswirkungen diese Erkenntnisse auf Ihr Verhalten haben sollten.

Arbeitsblatt: Abhängigkeiten des Chefs

Abhängigkeiten meines Chefs	Meine Maßnahmen
wirtschaftlich ...	
organisatorisch ...	
menschlich ...	

Womöglich stellen Sie schnell fest, dass das vorher als inkonsistent bezeichnete Verhalten Ihres Chefs nun eine interessante Systematik aufweist: Bei einigen Aufträgen legt er eventuell mehr Wert auf Form (weil sein Auftraggeber vielleicht zum organisierten Typ gehört). Diese Information bietet wichtige Erkenntnisse für Sie und den Umgang mit Ihrem Chef!

Zudem besteht für Sie die Chance, Ihre Beziehung zu wichtigen Mitspielern im Unternehmen zu verbessern, da Sie diese nun besser verstehen und unterstützen können. Wenn Ihr Chef z. B. stark von Entscheidungen des Betriebsrats abhängt, Sie aber selbst mit Mitgliedern dieses Gremiums in Kontakt stehen und diesen nun mit Hilfe der Werkzeuge dieses Kapitels nachhaltig verbessern, dann ergibt sich ein toller Effekt für Sie: Womöglich können Sie schwierige Situationen und potentielle Konflikte von Ihrem Chef fernhalten; dies erleichtert seine Arbeit und hat positive Auswirkungen auf Ihr Verhältnis und die Anerkennung Ihrer Arbeit.

BEISPIEL

> Einem jungen Mitarbeiter im Personalentwicklungsbereich eines großen Konzerns war aufgefallen, dass sich die notwendigen Klärungsprozesse mit dem Betriebsrat als recht zäh und langwierig darstellten. Nach eingehender Analyse kam er zu dem Schluss, dass dieser Umstand in dem unausgesprochenen Konflikt zwischen Betriebsratsvorsitzendem und Personalchef begründet lag. Die beiden waren sich aufgrund der sehr unterschiedlichen Ausprägungen im Typenmodell einfach nicht »grün«. Der Mitarbeiter versuchte daraufhin den Kontakt mit dem Betriebsratsvorsitzenden zu intensivieren und zu verbessern, was ihm auch gelang. Den Personalchef bat er darum, Sitzungen mit dem Betriebsrat auch einmal allein moderieren zu dürfen, und darüber hinaus um eine gewisse Kompetenzzuschreibung in Verhandlungen. Es stellte sich heraus, dass immer, wenn er direkt mit dem Betriebsrat verhandelte, die Lösungen viel konstruktiver ausfielen und auch schneller erreicht wurden.

Ein Wort der Warnung sei aber angebracht: Gerade wenn Ihr Chef zum Distanztyp gehört, darf nicht der Eindruck entstehen, dass Sie seine Position in Frage stellen. Gehen Sie dann umsichtig bei der Kontaktpflege zu Personen vor, die mit Ihrem Chef auf Augenhöhe verkehren. Erwecken Sie keinesfalls den Eindruck, dass Sie die Kontakte Ihrer Führungskraft beschneiden möchten.

Auf einen Blick: Die Erwartungen Ihres Chefs

- Lernen Sie Ihren Chef besser kennen! Reflektieren Sie seine Verhaltensweisen, Eigenheiten und Werte und kommen Sie ihm dadurch etwas näher.
- Nutzen Sie das Typenmodell, um diese Analyse zu vertiefen, und entwickeln Sie (neue) Strategien, um das Miteinander zu verbessern.
- Machen Sie sich die Unternehmensziele und deren Konsequenzen bewusst.
- Klären Sie so weit wie möglich Ihre Ziele und Aufträge.
- Seien Sie smart bei der Übernahme und Verteilung von Aufgaben.
- Fragen Sie sich auch, wovon Ihr Chef abhängig ist, d.h. welchen Ansprüchen er gerecht werden muss.
- Orientieren Sie Ihr Führungsverhalten an diesen Erkenntnissen.

Die Erwartungen Ihrer Mitarbeiter – Ihre Maßnahmen

Neben dem kompetenten Umgang mit Ihrem eigenen Chef besteht Ihre wichtigste Aufgabe darin, Ihre Mitarbeiter hinter sich zu bringen. Nicht wenige neu ernannte Führungskräfte erleben dies als echte Herausforderung.

Lesen Sie hier,

- welches die wichtigsten Faktoren sind, die für Motivation und exzellente Ergebnisse sorgen,
- wie man andere motivieren kann,
- wie Sie zielgerichtet auf unterschiedliche Mitarbeiterbedarfe reagieren,
- wie Sie konstruktiv delegieren,
- wie Sie entwicklungs- und typgerecht führen.

Die zwölf wichtigsten Erwartungen

Die Gallup Organization ist ein amerikanisches Markt- und Meinungsforschungsinstitut, das seit den 1930er-Jahren Umfragen auch zum Thema Mitarbeitermotivation und Arbeitszufriedenheit durchführt. Mit Hilfe von statistischen Analysen hat Gallup zwölf wichtige Fragen identifiziert, die die Erwartungshaltung von Mitarbeitern widerspiegeln. Diese haben den Analysen zufolge nicht nur die stärkste Auswirkung auf die Arbeitszufriedenheit, sondern auch auf die Abteilungsergebnisse: Mitarbeiter, die den folgenden zwölf Fragen eher zustimmen, sind insgesamt zufriedener und erwirtschaften bessere Ergebnisse. Ich beziehe mich im Folgenden auf die Publikation »First, break all the rules« von Marcus Buckingham und Curt Coffman. Die Fragen wurden von mir vom Amerikanischen ins Deutsche übersetzt.

Weiß ich, was von mir bei der Arbeit erwartet wird?
Es ist offensichtlich demotivierend, wenn mir als Mitarbeiter die eigentlichen Erwartungen meines Chefs nicht klar sind. Ich arbeite dann ein Stück weit im luftleeren Raum und weiß nicht, welches Verhalten Lob oder Kritik auslöst.

Habe ich das nötige Material und die Ausrüstung, um meine Arbeit bewältigen zu können?
Wenn Sie ein Haus bauen sollen, man Ihnen aber kein Arbeitswerkzeug an die Hand gibt, so ist dies frustrierend. Außendienstmitarbeiter, die z. B. keine funktionierenden Laptops oder

Dienstwagen besitzen, werden schlechtere Leistungen erbringen und unzufriedener sein als ihre Kollegen, die sich um ihre Arbeitsmittel keine Gedanken machen müssen.

Habe ich bei der Arbeit die Gelegenheit, täglich das zu tun, was ich am besten kann?

Menschen machen das, was sie gut können, gerne. Diese einfache Wahrheit versteckt sich hinter der Frage. Oftmals werden Mitarbeiter jedoch für alle möglichen Aufgaben eingesetzt, ohne dass geprüft würde, ob die Aufgaben dem tatsächlichen Potential des Mitarbeiters auch entsprechen oder ob er an anderer Stelle nicht besser eingesetzt wäre.

Habe ich in den letzten sieben Tagen Anerkennung oder Lob für gute Arbeit erhalten?

Wurden Sie selbst in den letzten sieben Tagen gelobt? Es ist erstaunlich, wie oft man mir während meiner Beratungsaufträge von Chefs berichtet, von denen man ausschließlich dann hört, wenn etwas schief gelaufen ist. Sie folgen offensichtlich dem Motto »Nicht getadelt ist genug gelobt«. Mitarbeiter sehnen sich jedoch nach positiven Rückmeldungen, und obige Frage suggeriert, dass diese auch zumindest im Wochenrhythmus erfolgen sollten.

Habe ich das Gefühl, dass meine Führungskraft oder jemand anders bei der Arbeit sich um mich als Mensch kümmern?

Ein Teilnehmer erzählte mir kürzlich, dass ihn sein neuer Chef in seiner ersten Woche viermal gefragt habe, ob er denn Kinder habe. Der Eindruck entsteht, dass es sich um eine aufgesetzte, nicht wirklich ernst gemeinte Frage handelte und dass der Chef an seiner Antwort nicht wirklich interessiert war. Wenn ich als Mitarbeiter aber das Gefühl habe, dass ich in meiner Abteilung ohnehin nur ein kleines Rad im Getriebe bin, das Leistung zu bringen hat, und mir keinerlei menschliches, privates Interesse entgegengebracht wird, hat dies Auswirkungen auf meine Motivation und Leistungsbereitschaft gegenüber der Führungskraft im Besonderen und der Firma im Allgemeinen.

Gibt es jemanden bei der Arbeit, der meine Entwicklung unterstützt?

Viele Führungskräfte missverstehen die Aufgabe einer Personalentwicklungsabteilung. Diese spezialisierten Abteilungen kennen den Seminarmarkt und können Empfehlungen aussprechen; Ihre Mitarbeiter entwickeln können sie jedoch nicht. Personalentwicklung ist Führungsaufgabe und nicht delegierbar. Nur Sie kennen die Stärken und Schwächen Ihrer Mitarbeiter und können mit ihnen gemeinsam die nächsten Schritte zur Entwicklung ihrer Kompetenzen oder ihrer Verantwortung vereinbaren. Damit signalisieren Sie, dass Ihnen nicht nur die jetzige, sondern auch die zukünftige Zusammenarbeit wichtig ist.

Scheint es, als würde meine Meinung zählen?

Mitarbeiter möchten sich an ihrem Arbeitsplatz einbringen und Ihre Kompetenz zeigen. Wird ihnen dies ermöglicht, so wirkt das folglich äußerst motivierend. Wenn ich als Mitarbeiter allerdings zu dem Schluss komme, dass sich mein Chef nicht für meine Meinung interessiert, werden sich meine Leistung und mein Engagement verringern.

Halte ich meine Arbeit vor dem Hintergrund des Auftrags/Leitbilds meiner Firma für bedeutsam?

Natürlich können Sie schwerlich den Auftrag oder das Leitbild Ihrer Firma ändern. Dennoch gibt es immer wieder Mitarbeiter, die sich mit dem Auftrag des Unternehmens nicht identifizieren können. Vielleicht wünschen sie sich eine andere Form des Vertriebs oder lehnen bestimmte Produkte der Firma ab. Womöglich kritisieren sie auch die Umgangsformen im Unternehmen oder in der Abteilung. Aber auch auf einer persönlichen Ebene kann die Beantwortung dieser Frage zu Frustration führen: Halte ich meine eigenen Aufgaben für bedeutsam?

Haben sich meine Kollegen einer Qualitätsarbeit verschrieben?

Diese Frage ist v. a. für harmonieorientierte Führungskräfte wichtig und aufschlussreich. »Sind meine Kollegen bemüht, einen guten Job zu machen?« Wenn weder Anstrengung belohnt noch Fehlverhalten sanktioniert werden, erleben dies gerade Leistungsträger als äußerst frustrierend. Diese verlassen womöglich das Unternehmen. Die Übriggebliebenen »lernen« vielleicht, dass es sich für sie lohnt, wenig zu tun.

Habe ich einen besten Freund bei der Arbeit?
Eine gute Teamatmosphäre ist entscheidend für die Arbeitsmotivation. Folglich behindert eine schlechte oder auch allzu wettbewerbsorientierte Stimmung das Miteinander und letztlich auch die Produktivität. In freundschaftlichem Austausch kann man hingegen schwierige Situationen besser lösen.

Habe ich in den letzten sechs Monaten mit jemandem über meinen Fortschritt gesprochen?
Auch hier zeigt sich, dass standardisierte Mitarbeitergespräche auch solchen Führungskräften nutzen, die täglich mit ihren Mitarbeitern sprechen. Im Tagesgeschäft geht der Blick auf den Fortschritt oft verloren. Die Vorstellung, sich weiterentwickeln zu wollen, ist jedoch ein so zentraler Anspruch, dass ein Nichtbeachten demotivierend wirkt.

Habe ich bei der Arbeit Gelegenheiten zu lernen und zu wachsen?
Diese Frage könnte man als Klammer für einige der vorherigen Fragen und in gewisser Weise auch als Anreiz verstehen, ein Resümee der bisherigen Arbeitstätigkeit im Unternehmen zu ziehen. Mitarbeiter stellen sich diese Frage von Zeit zu Zeit bewusst oder unbewusst, und falls sie negativ ausfällt, hört man beim nächsten Headhunter-Anruf womöglich ein bisschen interessierter zu.

Schauen Sie sich nun unsere zwölf Fragen noch einmal an. Sie werden bemerken, dass sich keine dieser Fragen um monetäre Themen dreht.

Geld motiviert nicht!

Bereits in den 1960er-Jahren bezeichnete Frederick Herzberg, ein klinischer Psychologe und Professor für Arbeitswissenschaften, das Gehalt als einen »Hygienefaktor« und meinte damit, dass ein als zu niedrig empfundenes Gehalt Demotivation erzeugt, während umgekehrt ab einem gewissen Grad an Zufriedenheit ein Gehaltsaufschlag nicht zusätzlich motiviert. Die Ergebnisse der Gallup-Studien scheinen diese These zu unterstützen. Verabschieden Sie sich als Führungskraft also von der Idee, dass Sie mit Hilfe von monetären Anreizen motivierte Mitarbeiter erhalten. Wenn das Gehalt nicht fair ist, entsteht Demotivation. Im anderen Fall, also bei einer als fair empfundenen Entlohnung, bewirken Gehaltserhöhungen keinen signifikanten Motivationsanstieg.

Sie sollten sich folglich eher den übrigen Fragen und den damit verbundenen allgemeinen Kategorien zuwenden. Die folgende Tabelle gibt unsere zwölf Fragen in Kurzform wieder und ordnet sie generellen Erwartungen zu.

Worauf es ankommt: Mitarbeiter motivieren

Nun möchte ich aus den oben analysierten Fragen und den entsprechenden Motivationsaufgaben konkrete Tipps für Ihr Führungsverhalten ableiten.

Checkliste: Wichtige Erwartungen

Fragen	Erwartungen an die Führungskraft
»Halte ich meine Arbeit ... für bedeutsam?«	Verdeutlichen von Sinnzusammenhängen
»Habe ich einen besten Freund bei der Arbeit?« »Zählt meine Meinung?«	Anregen von Austausch/Einbinden der Mitarbeiter
»Habe ich ... Lob erhalten?« »Haben sich meine Kollegen einer Qualitätsarbeit verschrieben?«	Geben von Feedback
»Habe ich das nötige Material und die Ausrüstung...?« »Gibt es jemanden, der sich ... um mich als Mensch kümmert?«	Anbieten von Unterstützung
»Weiß ich, was von mir erwartet wird?« »Hatte ich bei der Arbeit Gelegenheiten zu lernen...?« »Habe ich die Gelegenheit, täglich das zu tun, was ich am besten kann?«	Motivierende Delegation
»Gibt es jemanden, ... der meine Entwicklung unterstützt?« »Habe ich ... mit jemandem ... über meinen Fortschritt gesprochen?«	Personalentwicklung und individuelle Einbindung

Machen Sie Sinnzusammenhänge deutlich

Menschen sind motiviert, wenn Sie in Ihren Handlungen einen Sinn entdecken oder diese als Beitrag begreifen, um ein als sinnvoll verstandenes Ziel zu realisieren. Die Frage »Halte ich meine Arbeit für bedeutsam?« enthält dementsprechend zwei Handlungsaufforderungen für Sie als Führungskraft: Zum einen sollten Sie die größeren Zusammenhänge der Aufgaben und Unternehmensziele verdeutlichen; zum anderen gilt es die Aufgabendelegation so durchzuführen, dass der Mitarbeiter zu der Überzeugung gelangt, einen bedeutsamen Beitrag zu leisten. Motivierende Delegation ist so wichtig, dass dieses Thema im Kapitel »Delegieren Sie motivierend« ausführlich dargestellt wird (s. Abschnitt »Worauf es ankommt: Mitarbeiter motivieren«). Nutzen Sie also Teambesprechungen und Einzelgespräche, um die Sinnzusammenhänge zu verdeutlichen.

Regen Sie einen Gedankenaustausch an und binden Sie Ihre Mitarbeiter ein

Viele Mitarbeiter vermissen den regelmäßigen Austausch mit Ihrer Führungskraft oder mit Kollegen. Vom Chef erwartet man allgemeines Feedback, also eine Rückmeldung, an welchem Punkt man steht. Natürlich erhofft man sich vor allem Lob, viele vermissen jedoch auch eine wohlwollende kritische Rückmeldung, sofern diese notwendig sein sollte. Wie sollten Sie sich als Führungskraft verhalten?

Nehmen Sie nicht alles als selbstverständlich hin und achten Sie darauf, positive Rückmeldungen zu geben. Das schließt auch explizites Lob mit ein. Achten Sie unbedingt darauf, erfahrene Mitarbeiter einzubinden und ihre Meinung einzuholen. Etablieren Sie eine positive Teamatmosphäre, indem Sie auch Angebote unterbreiten, die nicht nur geschäftsorientiert sind: Beispielsweise könnten Sie eine Art Stammtisch einrichten, der den Mitarbeitern einmal im Monat einen ungezwungenen Rahmen zum gedanklichen Austausch bietet. Auch gemeinsame Sportaktivitäten können sich hervorragend dafür eignen, den Zusammenhalt zu stärken und Austausch zu ermöglichen. Achten Sie jedoch auch darauf, niemanden zu zwingen, sondern lediglich Angebote zu unterbreiten. Erfragen Sie unbedingt die Meinung Ihrer Mitarbeiter und lassen Sie diese falls irgend möglich in Ihre Entscheidungen einfließen.

Bieten Sie Ihren Mitarbeitern Unterstützung

Es gibt wenig Frustrierendes als eine »kalte Schulter«, wenn man sich Hilfe suchend an jemanden wendet. Bereits die Bitte um Unterstützung kostet viele Mitarbeiter enorme Überwindung, weil sie sich ja nicht als schwach präsentieren möchten. Umso wichtiger ist es nun, dass Sie diese Anfragen kompetent behandeln. Wie sollten Sie sich als Führungskraft verhalten?

Gehen Sie sehr sorgsam und offen mit Anfragen nach Unterstützung um; dies gilt im privaten Bereich ebenso wie bei der Aufgabenerledigung. Falls Sie sich einer Anfrage nicht unmittelbar widmen können, bieten Sie unbedingt einen kurzfristigen Besprechungstermin an. Etablieren Sie beispielsweise wöchentliche Sprechstunden, die die Mitarbeiter ohne Voranmeldung nutzen können. Nehmen Sie ihre Anfragen unbedingt ernst und sorgen Sie für die Bereitstellung des Materials und der Ausrüstung, die für eine gute Aufgabenbewältigung benötigt wird. Erkundigen Sie sich auch nach dem privaten Befinden des Mitarbeiters; achten Sie aber sehr genau darauf, welche Informationen bereitwillig erteilt werden und wo der Mitarbeiter signalisiert, dass er nicht weiter sprechen möchte.

Delegieren Sie motivierend

Wovon hängt eine zielorientierte und motivierende Delegation ab? Wir haben bereits das Akronym SMART kennen gelernt, das Sie auch bei Delegationen aller Art unterstützen wird. Noch konkreter hilft eine vertiefende Formel mit dem Namen IMPUT (+) K. Dahinter verbergen sich die Elemente

- **I**nhalt
- **M**otivation
- **P**erson
- **U**mfang
- **T**ermin
- +
- **K**ontrolle

Wie sollten Sie sich als Führungskraft verhalten?

Benennen Sie den konkreten Inhalt der Aufgabe

Wir haben bei der Erläuterung von SMART ja bereits gesehen, dass Inhalte je nach Typ des Auftragsempfängers unterschiedlich interpretierbar sind. Seien Sie daher möglichst spezifisch und sagen Sie genau, was Sie möchten. Reichen Ihnen Ideen zum Thema aus oder möchten Sie eine detaillierte Prüfung und Analyse der verfügbaren Daten? Je spezifischer Sie eine Delegation aussprechen, desto besser und passgenauer werden die Ergebnisse ausfallen.

Klären Sie die Motivation für die Aufgabe

Weshalb sollte der Mitarbeiter diese Aufgabe ausführen? Was genau hat er davon? Sie könnten natürlich argumentieren, dass diese Wünsche irrelevant sind, dennoch hat ihre Berücksichtigung enorme Auswirkungen auf das Ergebnis.

BEISPIEL

> Der Sachbearbeiter Peter K. wurde von seinem Chef ohne weitere Erklärung gebeten, die Mitarbeitergespräche für das Team vorzubereiten. Peter K. wunderte und ärgerte sich ein wenig über diese Aufgabe, da er (berechtigterweise) dachte, dass dies doch die Aufgabe seines Chefs sei und dieser mit Hilfe der Delegation wohl nur Arbeit auf andere abwälzen wollte.

Stellen Sie sich nun für einen Moment vor, Sie wären besagter Peter K. Ihr Chef kommt auf Sie zu und begründet seine Delegation folgendermaßen: »Ich sehe großes Führungspotential in Ihnen und möchte Sie mittelfristig gerne zum Teamleiter befördern. Da ich Sie aber behutsam in die Aufgabe einführen möchte, halte ich es für eine gute Idee, dass Sie zunächst einmal die anstehenden Mitarbeitergespräche vorbereiten. Was halten Sie davon?«

Wenn Sie die Begründung Ihres Chefs als authentisch erleben, werden Sie die Aufgabe nun höchstwahrscheinlich als extrem motivierend empfinden und sie äußerst bereitwillig ausführen. Sie verknüpfen den Auftrag mit einer eigenen Weiterentwicklung, und dies motiviert.

Wählen Sie die richtige Person aus

Grundsätzlich gilt, dass die Person zur Aufgabe passen sollte. Es kann jedoch auch Gründe geben, dieses Gebot zu missachten. Zum einen könnte es zur Weiterentwicklung eines Mitarbeiters notwendig sein, ihm ein Übungsfeld zu überlassen. Und zum anderen dürfen Sie sich als Führungskraft, die einen konstanten Abteilungserfolg anstrebt, auch nicht zu sehr von einzelnen Spezialisten abhängig machen: Es sollte immer eine Vertretungsregelung auch hinsichtlich der Kompetenzen geben, sodass die Aufgaben auch bei Ausfall (Urlaub, Krankheit, Kündigung usw.) reibungslos erledigt werden können. Achten Sie also darauf, dass einzelne Mitarbeiter nicht über exklusives Expertenwissen verfügen oder dass solches Wissen rasch an zumindest einen weiteren Kollegen übertragen wird.

Bestimmen Sie den Umfang der Aufgabe

Es macht einen großen Unterschied für den Ausführenden, ob Sie eine handschriftlich verfasste Seite oder eine ausführliche

Präsentation benötigen. Seien Sie also hier ebenfalls möglichst präzise, um Doppel- und Mehrarbeit zu vermeiden.

Nennen Sie konkrete Termine
Vermeiden Sie auch hier Missverständnisse! Gerade bei der Terminierung von Aufgaben handeln neu ernannte Führungskräfte aus meiner Erfahrung nachlässig. Die Folge ist, dass sie öfter beim Mitarbeiter nachfragen, ob er schon fertig sei, was auf beiden Seiten zu Frustration führen kann. Der Mitarbeiter hat den Auftrag vielleicht als weniger dringend wahrgenommen und andere Prioritäten gesetzt. Dies können Sie mit einer klaren Terminierung verhindern.

Ein wenig Kontrolle schadet nicht!
Wie Sie sehen, ist dem Buchstaben K aus IMPUT (+) K ein eingeklammertes Pluszeichen vorangestellt. Dies liegt am unterschiedlichen Entwicklungsgrad der Mitarbeiter (Näheres hierzu im folgenden Abschnitt »So führen Sie entwicklungs- und typgerecht«). Während manche Mitarbeiter verhältnismäßig viel Kontrolle und auch Unterstützung benötigen, reicht bei anderen oftmals eine Ergebniskontrolle aus, um hervorragende Ergebnisse zu erzielen. Machen Sie Ihre Kontrollbemühungen also unbedingt vom Entwicklungsgrad des Mitarbeiters abhängig, da sowohl ein Übermaß an Kontrolle und Unterstützung als auch an Mangel hieran demotivierend wirken können.

Schritt-für-Schritt-Anleitung: Delegation

1	Machen Sie sich bewusst, was genau Sie erreichen möchten und wie das Ergebnis aussehen soll. Definieren Sie möglichst präzise Inhalt, Umfang und erforderliche Qualität.
2	Überlegen Sie, bis wann die Aufgabe spätestens erledigt sein soll. Wenn Sie Korrekturschleifen erwarten, dann bauen Sie hierfür zeitliche Puffer ein.
3	Analysieren Sie, welcher Mitarbeiter am besten für die Aufgabe geeignet wäre (hinsichtlich der Kompetenz oder der individuellen Entwicklung).
4	Machen Sie sich Gedanken zur möglichen Motivation des Mitarbeiters für die Aufgabe.
5	Vergeben Sie die Aufgabe an den Mitarbeiter.
6	Etablieren Sie Zwischen- bzw. Endkontrollen.

Entwickeln Sie Ihr Personal und gehen Sie individuell auf die Mitarbeiter ein

Als neu ernannte Führungskraft sind Sie für die Weiterentwicklung Ihrer Mitarbeiter verantwortlich. Etablieren Sie regelmäßige Entwicklungs- und Fortschrittgespräche. Als Faustregel gilt, dass die Anzahl und Häufigkeit der Gespräche im umgekehrten Verhältnis zum Entwicklungsstand des Mitarbeiters stehen sollte: Ein erfahrener Mitarbeiter braucht weniger Rückmeldung als ein Berufsanfänger. Zumindest einmal pro Halbjahr sollten Sie solche Gespräche jedoch auch mit erfahrenen Mitarbeitern führen.

So führen Sie entwicklungs- und typgerecht

Neben den allgemeinen Anforderungen, die wir eben beleuchtet haben, gibt es natürlich auch individuelle Anforderungen und Wünsche der Mitarbeiter: Während sich der eine womöglich mehr Unterstützung wünscht, ist für den anderen persönlicher Freiraum entscheidend. Das Typenmodell, das wir im letzen Kapitel erarbeitet haben, wird Ihnen nun auch gute Dienste für den optimalen Umgang mit Ihren Mitarbeitern leisten. Wenn Sie diesem Ratgeber also bis hierher gefolgt sind, wird es Sie vermutlich nicht überraschen, dass es nicht (nur) eine, generelle Erwartungshaltung von Mitarbeitern gibt, sondern vielmehr spezifische Anforderungen je nach Typ und Entwicklungsstand auftreten.

Zunächst beschäftigen wir uns mit den unterschiedlichen Entwicklungsstufen, die Ihre Mitarbeiter durchlaufen, und dem daraus abzuleitenden Führungsverhalten.

Bestimmen Sie den Entwicklungsstand Ihrer Mitarbeiter

Die beiden amerikanischen Managementforscher Paul Hersey und Ken Blanchard haben ein Führungsmodell entwickelt, das das Führungsverhalten auf den Entwicklungsstand des jeweiligen Mitarbeiters abstellt. Insofern entspricht die Aussage dieses Modells dem »roten Faden« dieses TaschenGuides: Der Führungserfolg ist immer abhängig von den jeweiligen Rahmenbedingungen und Anforderungen. Anders formuliert: Es gibt nicht das eine, »richtige« Führungsverhalten!

> Erfolgreiches Führungsverhalten ist immer situativ, also von den momentan vorherrschenden Rahmenbedingungen (Chef, Kollegen, Mitarbeiter, Aufgabensituation u. a.) abhängig.

Daraus folgt, dass das Führungsverhalten auf den einzelnen Mitarbeiter und seine Umweltbedingungen abzustimmen ist. Hersey und Blanchard stellen vier mögliche Entwicklungsstufen von Mitarbeitern (E1–E4) heraus und verknüpfen diese mit vier entsprechenden Führungsstilen (S1–S4). Man könnte die typische Entwicklung eines Mitarbeiters so beschreiben: Er startet engagiert, aber mit wenig praktischer Kompetenz, und entwickelt sich zu Selbstständigkeit mit hoher Fachkompetenz. Der individuelle Entwicklungsstand wird durch eine der vier Entwicklungsphasen beschrieben. Im Folgenden werden sowohl diese Entwicklungsstände als auch das entsprechende Führungsverhalten kurz skizziert.

E1: Der begeisterte Anfänger

Es handelt sich hierbei um den typischen Anfänger (etwa nach dem Universitätsabschluss), der zwar über theoretische Kenntnisse verfügt und sehr engagiert ist, aber noch keine Kompetenzen in der Organisation aufweisen kann. Er kennt also die Abläufe in Ihrem Unternehmen noch nicht und ihm fehlen auch noch die operativen Kompetenzen, um die Aufgabe erledigen zu können. Es kann sich jedoch auch um einen erfahrenen Kollegen handeln, der in einen neuen Bereich versetzt wird und dort wieder »bei Null« beginnt.

E2: Der desillusionierte Fortgeschrittene
Diese Mitarbeiter sind oftmals enttäuscht, weil sich die Aufgabe als schwieriger als erwartet entpuppt. Ihnen fehlen noch wichtige Kompetenzen zur vollständigen Aufgabenerledigung und dies führt zu Demotivation.

E3: Der fähige, zögernde Mitarbeiter
Dieser Typus stellt den kritischsten, aber für eine Führungsinitiative auch empfänglichsten Mitarbeitertypus dar. Es handelt sich um einen Mitarbeiter, der über alle Kompetenzen und Kenntnisse verfügt, aber nur wechselndes Engagement zeigt. Dies rührt oftmals daher, dass der Mitarbeiter zu wenig Wertschätzung vonseiten der Führungskraft erlebt, die ihn aus seiner Sicht zu wenig einbindet und seinen Rat einholt. Der Mitarbeiter fühlt, dass er mehr beitragen und eine bessere Leistung erzielen könnte, wenn man ihn ernst nehmen würde.

E4: Der eigenverantwortlich handelnde Spitzenkönner
Dieser Mitarbeiter verfügt über eine hervorragende Fachkompetenz und erledigt Aufgaben selbstgesteuert. Sein Engagement ist ebenfalls als hoch zu beschreiben.

Die folgende Abbildung zeigt das Gesamtmodell. Hier sind auch bereits die jeweils erforderlichen Führungsstile beschrieben, denen wir uns im nächsten Abschnitt widmen.

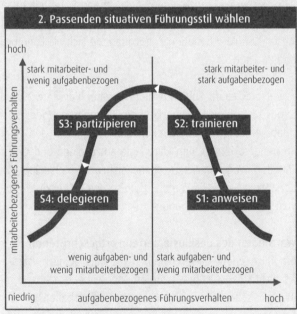

Das Modell der situativen Führung

Wie Sie entwicklungsorientiert führen

Wie können Sie nun das Modell der situativen Führung nutzen, um den Erwartungen der Mitarbeiter der jeweiligen Entwicklungsstufe gerecht zu werden?

Erwartungen des begeisterten Anfängers
Dieser Mitarbeiter fühlt sich naturgemäß in seiner Aufgabe noch unsicher und möchte dementsprechend Sicherheit erlangen. Dies bedeutet konkret, dass er viel Feedback, Unterstützung und Struktur benötigt. Wie sollten Sie sich als Führungskraft verhalten?

Der entsprechende Führungsstil (S1) wäre hier »Anweisen«. Sie müssen sich als Führungskraft die Zeit nehmen (oder diese Aufgabe an einen erfahrenen Kollegen delegieren), den Mitarbeiter eng zu führen, ihm klare Ziele aufzuzeigen und gleichzeitig den Weg zur Zielerreichung anzuweisen. Idealerweise unterstützen Sie diese Vorgehensweise durch Checklisten und konkrete Ablaufbeschreibungen.

Erwartungen des desillusionierten Fortgeschrittenen
Womöglich erlebt dieser Mitarbeiter es als peinlich, dass er noch nicht so weit ist wie gefordert oder wie er es selbst gerne hätte. Wie sollten Sie sich als Führungskraft verhalten?

Das erforderliche Führungsverhalten (S2) könnte man als »Trainieren« beschreiben: Der Mitarbeiter muss ein Training erhalten (on the job oder überbetrieblich), das ihn in die Lage versetzt, ein Arbeitsergebnis zu erreichen, das den Anforderungen vollständig entspricht. Ein großer Führungsfehler wäre es, den vermuteten Bedarf nicht anzusprechen, aus Angst, den Mitarbeiter zu verärgern. Denn nur bei einer Weiterentwicklung kann dieser Mitarbeiter seine Motivation erhöhen. Dennoch sollten Sie im Gespräch nicht zu sehr insistieren, sondern vielmehr versuchen, eine vertrauensvolle und wertschätzende Atmosphäre zu etablieren, sodass der Mitarbeiter selbst sein Unbehagen ansprechen kann.

Erwartungen des fähigen, zögernden Mitarbeiters
Diesem Mitarbeiter ist es äußerst wichtig, dass seine Meinung zählt. Er möchte zunehmend in Entscheidungsprozesse mit eingebunden werden (und sei es nur, dass aktiv nach seiner Meinung gefragt wird). Er möchte in seiner Kompetenz wahrgenommen und geschätzt werden. Seine Erwartungen können neben der Teilhabe und Mitgestaltung auch in Richtung der eigenen Weiterentwicklung gehen. Diese sieht er jedoch oftmals eng verknüpft mit dem Anspruch auf Kompetenzerweiterung. Wie sollten Sie sich als Führungskraft verhalten?

Der Führungsstil (S3), der nun angebracht ist, lautet »Partizipation«. Als Führungskraft sollten Sie diesen Mitarbeiter stärker einbinden, Verantwortung delegieren und ihm auch Gelegenheiten verschaffen, seine Kompetenzen unter Beweis zu stellen. Größere und wichtigere Projekte, die vielleicht mit einem umfangreicheren Budget, aber auch Sichtbarkeit (eventuell in

Form von Vorstandspräsentationen) verknüpft sind, könnten ideale Spielwiesen für diesen Mitarbeiter sein. Wenn Ihnen diese Förderung gelingt, können Sie ein hervorragendes Führungsergebnis verzeichnen: Sie haben aus einem Mitarbeiter vom Typ E3 einen E4-Mitarbeiter gemacht.

Erwartungen des eigenverantwortlich Handelnden
Da dieser Mitarbeiter ja eigenverantwortlich auf einem sehr hohen Kompetenzniveau handelt, geht es ihm sehr stark darum, diese »Errungenschaften« auch beizubehalten. Natürlich möchte auch dieser Mitarbeiter sich noch weiter entwickeln, jedoch nimmt diese Motivation einen geringeren Stellenwert ein als beispielsweise beim fähigen, zögernden Mitarbeiter. Wie sollten Sie sich als Führungskraft verhalten?

Der erforderliche Führungsstil (S4) ist »Delegation«. Sie delegieren an Ihren Mitarbeiter u. U. ganze Verantwortungsbereiche und beschränken sich auf Ergebniskontrolle. Achten Sie jedoch darauf, nicht alle schwierigen Aufgaben an diesen Mitarbeiter zu delegieren: Zum einen führt eine etwaige Überlastung bei diesem wiederum zu Demotivation; zum anderen könnten Sie die Gelegenheit verpassen, geeignete Mitarbeiter in diese Rolle zu entwickeln. Da der eigenverantwortliche Mitarbeiter ja sehr gut bei allen möglichen Aufträgen einsetzbar ist, besteht die Gefahr, dass er zur »Allzweckwaffe« gemacht wird und er Ihnen dies verübelt. Achten Sie also sehr genau darauf, dass Sie seine Motivation nicht als selbstverständlich ansehen und auch seine

Verantwortungs- und Weiterentwicklung nicht aus dem Auge verlieren.

> Überfordern Sie E4-Mitarbeiter nicht, ermöglichen Sie ihnen aber eine Weiterentwicklung. Wenn der Mitarbeiter mit dem Status quo jedoch zufrieden ist, dann sollten Sie dies akzeptieren.

Wie Sie typgerecht führen

Doch auch das Typenmodell, das wir bereits kennengelernt haben, hilft Ihnen als Führungskraft, den Mitarbeiter entsprechend seiner Erwartungen zu führen. Machen Sie sich bitte bewusst, dass dieses Typenmodell mit dem eben skizzierten Entwicklungsmodell in Übereinstimmung gebracht werden muss: So gibt es beispielsweise begeisterte Anfänger, die organisierte und harmonieorientierte Typen sind, genauso wie eigenverantwortlich Handelnde, die kreative, distanzierte Typen sind. Das Typenmodell ist in diesem Sinne also eher als Konstante zu verstehen, während die Entwicklungsstufe der Mitarbeiter naturgemäß eher einem Wandel unterliegt.

Der organisierte Mitarbeiter

Dieser Mitarbeiter braucht sehr viel Struktur; bei ihm sollten Sie besonderen Wert auf die »smarte« Vergabe von Aufgaben legen, die gerne auch detailliert sein darf. Wenn es irgendwie geht, sollten Sie ihm Aufgaben übertragen, bei denen er sich ausführlich einarbeiten kann und deren Bearbeitung viel Sorgfalt erfordert. Muten Sie ihm nicht zu viel Abwechslung oder Spontaneität zu. Bei Veränderungen im Unternehmen (Umstrukturierungen oder gar Fusionen) hat dieser Mitarbeiter große Ängste auszustehen, da Neues für ihn oftmals Strukturverlust bedeutet. Für Sie als Führungskraft heißt das, dass der organisierte Mitarbeiter in diesen Fällen besonders viel Zuspruch und Erklärungen benötigt. Versuchen Sie ihm so gut es geht die Sorgen zu nehmen, und er wird es Ihnen mit erneut hoher Produktivität danken.

Der kreative Mitarbeiter
Seine Erwartungen richten sich auf möglichst viel Freiraum und freie Gestaltung. Dieser Mitarbeiter dankt es Ihnen, wenn Sie seine Spontaneität und Flexibilität begünstigen: So kann es sinnvoll und auch der Produktivität zuträglich sein, wenn er vereinzelt von zu Hause aus arbeiten darf oder man ihm – im Rahmen der Möglichkeiten – auch flexible Arbeitszeiten zugesteht. Da jedoch auch die Gefahr besteht, dass sich dieser Mitarbeiter in seiner Kreativität verzettelt und er die konkrete Aufgabenstellung aus den Augen verliert, sollten Sie derartige Optionen ausdrücklich als Versuche definieren und die Ergebnisse und den Umgang mit der Freiheit konsequent im Auge behalten. Der kreative Mitarbeiter wünscht sich natürlich Aufgaben, die seine Kreativität fordern, und liebt Abwechslung.

Der harmonieorientierte Mitarbeiter
Dieser Mitarbeiter benötigt viel Zuspruch und Lob. Seine Erwartungen gehen darüber hinaus in die Richtung, dass Sie als Führungskraft Konflikte von ihm fernhalten oder diese für

ihn lösen. Ein Hauptanspruch an Sie ist es demnach, unfaires Verhalten im Team einzudämmen. Oftmals werden harmonieorientierte Mitarbeiter nämlich von distanzierten Kollegen im Team ausgenutzt. Da es Ersteren schwer fällt, auch einmal Nein zu sagen, laden Letztere viele unangenehme Aufgaben auf die Harmonieorientierten ab. Die Folge hiervon ist eine unfaire Aufgabenverteilung und -erledigung im Team. Harmonieorientierte Mitarbeiter wünschen sich Aufgaben, die im Team und damit im Austausch mit anderen Kollegen erledigt werden können. Falls möglich, sollten Sie daher diese Mitarbeiter auch nicht in Einzelbüros stecken oder ihnen Aufgaben übertragen, bei deren Bearbeitung sie über weite Strecken hinweg auf sich allein gestellt sind. Während Kreative, wie wir bereits gesehen haben, gerne von zu Hause oder zu selbstbestimmten Zeiten arbeiten, würde man dem Harmonieorientierten mit einem Home-office-Arbeitsplatz vermutlich keine Freude machen.

Der distanzierte Mitarbeiter
Diesem Mitarbeiter bereitet zu viel Nähe Unbehagen. Er möchte in seiner Kompetenz bestärkt und entsprechend eingesetzt werden. Der distanzierte Mitarbeiter wünscht sich also eine sichtbare Plattform, auf der er sich kompetent zeigen und auch weiterentwickeln kann. Hinsichtlich der mit ihm vereinbarten Ziele benötigt er weniger Details, denn er schätzt es, sich selbst steuernd und selbstbestimmt einbringen zu können. Distanzmitarbeiter erwarten klare Ansagen und keine als allzu »weich« wahrgenommenen Führungskräfte. Sätze, die mit Floskeln wie »Eventuell könnten Sie einmal...« beginnen, verwirren diesen

Mitarbeiter und die Wahrscheinlichkeit ist hoch, dass er nichts oder das Gegenteil dieses in seinen Augen zu weich formulierten Auftrags unternimmt. Distanzorientierte Mitarbeiter erwarten also fordernde Aufgaben, Freiraum, klare Anweisungen und wenig aufgezwungene Teamaktivitäten.

Auf einen Blick: Die Erwartungen Ihrer Mitarbeiter

Ihre Mitarbeiter sind der entscheidende Faktor für Ihren Erfolg als Führungskraft! Deshalb gilt es,

- die wichtigsten Erwartungen zu kennen und zu berücksichtigen,
- individuelle Vorlieben und Bedarfe zu beachten und soweit wie möglich darauf einzugehen,
- motivierend zu delegieren,
- die Mitarbeiter zumindest grob einem Typus gemäß dem Modell der situativen Führung und dem Typenmodell zuzuordnen,
- diese Voranalysen mit der persönlichen Einschätzung der Mitarbeiter abzugleichen.

Die Erwartungen der sonstigen Unternehmensumwelt – Ihre Maßnahmen

Nun vervollständigen wir unsere Übersicht über die Erwartungshaltungen an Führungskräfte und betrachten die sonstigen Anforderungen.

Lesen Sie hier,

wie Sie Kollegen ins Boot holen,

- wie Sie sich und Ihre Abteilung positionieren und präsentieren,
- wie Sie unterscheiden, welche Erwartungen wichtiger als andere sind,
- was ein Team oder System ausmacht und wer zu Ihrem System gehört,
- wie Sie Ihre Stakeholder analysieren und angemessen berücksichtigen.

Die Kollegen ins Boot holen

In diesem Kapitel geht es erneut um Erwartungen, und vielleicht fragen Sie sich jetzt, ob Sie als neue Führungskraft denn sämtlichen Erwartungen gerecht werden müssen. Bisher haben wir uns ja überwiegend mit Bedürfnissen und Erwartungen beschäftigt, die unbedingt beachtet werden sollten.

Sie müssen nicht allen Erwartungen gerecht werden

Natürlich können Sie es nicht allen recht machen; es geht vielmehr darum, festzustellen, welche Anforderungen Ihres Umfeldes sich unmittelbar auf Ihren Erfolg als neu ernannte Führungskraft auswirken, und dieses Wissen zu berücksichtigen. Folglich werden wir uns in diesem Kapitel auch damit beschäftigen, welche fremden Erwartungen wichtiger und relevanter für Sie sind als andere. Denn eines ist völlig klar: Viele Kollegen und andere Kräfte in Ihrem Unternehmen beanspruchen Sie und möchten, dass Sie ihnen gerecht werden. Die Erfahrung zeigt, dass es unter Umständen neidische Kollegen gibt, die gerne Ihre Position übernommen hätten. Andere wiederum, etwa Führungskräftekollegen, fühlen sich ggf. durch den »Neuen« in ihrer Kompetenz bedroht. Eventuell ist der Betriebsrat neugierig, welchen Führungsstil Sie haben und ob dieser möglicherweise Probleme bereiten wird.

Sie sehen, viele Augen sind nun auf Sie gerichtet und die unterschiedlichsten Erwartungshaltungen fordern Ihre Aufmerksamkeit. Um es jedoch nochmals zu betonen: Sie können es nun nicht mehr allen recht machen! Als Führungskraft müssen Sie sich darauf einstellen, Kritik zu erfahren und Erwartungen auch einmal zu enttäuschen.

Wertschätzend gegenüber Kollegen

Achten Sie jedoch sehr darauf, welche Auswirkungen verschiedene Formen von Enttäuschung auf Ihren Erfolg haben.

BEISPIEL

> Der junge Softwareentwickler Peter K. bekam eine tolle Chance: Er sollte ein Team leiten und ein zentrales Softwareprojekt im Unternehmen implementieren. Peter machte sich lange Gedanken und schlug letztlich ein – in seinen Augen – perfektes Konzept vor. Er hatte jedoch bei allen inhaltlichen Überlegungen völlig übersehen, dass die Software Auswirkungen auf fast alle Abteilungen im Unternehmen hätte. Die Abteilungsleiter reagierten nun, für Peter völlig unverständlich, mit offener Kritik und Ablehnung. Im Coaching wurde ihm klar, dass es sich vermutlich nicht um inhaltliche Kritik handelte, sondern die Abteilungsleiter schlicht verärgert darüber waren, dass sie in der Konzeptionsphase nicht befragt und angehört worden waren.

Wie dieses Beispiel zeigt, kommt es oftmals nicht darauf an, dass Sie eigenständig die besten Konzepte entwickeln, sondern darauf, dass Sie wichtige Kräfte im Unternehmen mit ins Boot holen. Ein zentraler Aspekt bei diesen Bemühungen ist es, dafür zu sorgen, dass wichtige Ansprechpartner ihr Gesicht wahren können. So könnten es Kollegen, die bereits lange im Unternehmen arbeiten, als Affront empfinden, wenn Sie als Neuer nun schnell eine Lösung für ein jahrelanges Problem liefern. Gehen Sie also strategisch vor, erfragen Sie wichtige Bedarfe und binden Sie diejenigen Personen ein, die Ihrem Erfolg zumindest potentiell im Wege stehen könnten.

Pflegen Sie daher Kontakte zu Ihren wichtigen Ansprechpartnern und vereinbaren Sie Kennenlerntermine, am besten in den ersten Wochen Ihres Amtsantrittes. Versuchen Sie, die Zusammenarbeit nach Kräften zu erleichtern, seien Sie interessiert am anderen und achten Sie auf Signale Ihres Gegenübers. Machen Sie deutlich, dass Ihnen die Motive und Bedarfe Ihrer Kollegen wichtig sind und dass Sie ihnen gerecht werden möchten.

Zeigen Sie sich und Ihr Team

Viele neu ernannte Führungskräfte sind zu sehr auf den eigenen Chef und die Mitarbeiter fokussiert und achten gar nicht darauf, was um sie herum passiert. Die folgenden drei Maßnahmen sollten Sie unbedingt vor Ablauf der ersten sechs Monate Ihrer Aufgabe durchführen.

Gehen Sie auf die neuen Kollegen aktiv zu

Werden Sie selbst aktiv und machen Sie Gesprächsangebote. Warten Sie nicht darauf, eingeladen zu werden. Zeigen Sie sich interessiert an den Aufgaben anderer und auch an der menschlichen Seite der Kollegen. Halten Sie sich zu Beginn eher zurück und hören Sie den Kollegen zu!

Bestimmen Sie Ihre Position im Kollegenverbund

Treten Sie mit den Führungskräften Ihrer Ebene in Kontakt und analysieren Sie deren Motive und ihren Einfluss im Unternehmen. Finden Sie heraus, wer Ihnen oder Ihrem Team eher kritisch gegenübersteht und auf wen Sie vermutlich vertrauen können. Welche Abteilung hat vielleicht Aufgaben und Verantwortungen, die sich mit Ihren überschneiden? Falls Sie feststellen, dass derartige Überschneidungen in der Vergangenheit zu Konflikten führten, können Sie dies bei Ihrem Chef ansprechen und ggf. in Absprache mit Ihrem Kollegen eine Klärung der Strukturen und Verantwortlichkeiten anstreben.

Positionieren und repräsentieren Sie Ihr Team

Wissen die Organisation als Ganzes und Ihre internen Kunden, was Ihre Abteilung alles leistet? Oftmals geht man einfach seiner Arbeit nach, »vergisst« dabei aber, Erfolge auch aufzuzeigen. Präsentieren Sie sich und Ihre Abteilung nach außen. Nutzen Sie einen Tag der offenen Tür oder interne Medien wie das Intranet oder Firmenzeitschriften, um in Erscheinung zu treten. Bauen Sie auch Kontakte zu Marketing- und Kommunikationsabteilungen aus, um Ihr Team zu repräsentieren.

Wenden wir uns nun der Frage zu, wer überhaupt zu Ihrem Team gehört. Um nämlich eine gute Vorstellung davon entwickeln zu können, welche Erwartungen Ihres Umfeldes besonders erfolgskritisch für Sie in Ihrer neuen Aufgabe sind, ist die Betrachtung Ihres Teams oder auch Ihres Systems von zentraler Bedeutung.

Machen Sie sich Beziehungen und Abhängigkeiten bewusst

Was ist ein Team? Vielleicht kommt Ihnen bei diesem Begriff als Erstes ein Fußballteam in den Sinn. Dieser Vergleich ist sehr passend. Ein Fußballteam stellt in unserem Sinne insofern ein Team dar, als dass es zum einen ein gemeinsames Ziel hat (z. B. das Spiel gewinnen, den Abstieg verhindern) und zum anderen wechselseitige Abhängigkeiten bestehen. Der beste Stürmer der Welt wird deutlich weniger Tore schießen, wenn die Flanken aus dem Mittelfeld nicht ankommen; ebenso schwer fällt es, Spiele zu gewinnen, wenn Abwehr oder Torwart nachlässig agieren.

Was bedeutet dies übertragen auf die Arbeitswelt und Ihr Team? Fragen Sie sich, bei welchen Mitarbeitern der Erfolg oder das Arbeitsergebnis unmittelbar von einem Kollegen abhängig sind. Sie werden ggf. feststellen, dass diese Abhängigkeit längst nicht bei allen Mitarbeitern besteht. Wenn beispielsweise zwei Ihrer Mitarbeiter unterschiedliche Kundenkreise bearbeiten und sich gegenseitig auch nicht in ihren Urlauben vertreten, so würde man sagen, dass die beiden zwar in der gleichen Arbeitsgruppe ihrer Tätigkeit nachgehen, streng genommen aber eben kein Team bilden. Interessanterweise werden Sie bei der Reflexion dieses Teamgedankens sehr schnell feststellen, dass Ihre Mitarbeiter weiteren Abhängigkeiten unterliegen, z. B. gegenüber anderen Abteilungen.

Abhängigkeiten bestehen über Teamgrenzen hinweg

So könnten sie beispielsweise, um ihren eigenen Auftrag fristgerecht erledigen zu können, von der Zulieferung einer anderen Abteilung abhängig sein. Denken Sie etwa an eine Vertriebsabteilung: Während die Vertriebsmitarbeiter untereinander oftmals keine Abhängigkeit wahrnehmen, besteht diese unmittelbar gegenüber den Backoffice-Mitarbeitern. Wenn Verträge nicht rechtzeitig erstellt werden (eine Aufgabe der Backoffice-Mitarbeiter), dann hat der Vertriebsmitarbeiter beim Kunden ein großes Problem. Das Netz derartiger Abhängigkeiten in Organisationen über Team- und Abteilungsgrenzen hinweg bezeichnet man als »System«. Dieses beschreibt,

- wie oft Personen miteinander in Kontakt treten (quantitative Betrachtung),
- wie intensiv oder auch folgenreich diese Kontakte sind (qualitative Betrachtung).

Die Idee, sein eigenes »System« zu visualisieren und zu berücksichtigen, wurzelt im traditionellen Kriegshandwerk. Der heutige Führungsbegriff hat sich im Zeitverlauf natürlich stetig entwickelt und verändert; dennoch liegen seine Ursprünge auf militärischen Gebiet. Die berühmten »Sandkastenspiele« der Militärs dienten weniger der Belustigung der Generäle als vielmehr dem Ziel, Möglichkeiten aufzuzeigen und Strategien zu verdeutlichen. So nutzte man beispielsweise Zinnsoldaten, um

Truppenbewegungen nachzustellen oder vorzubereiten und die vermutliche Antwort des Gegners zu analysieren.

Die Erkenntnis, dass die Analyse von Systemen eine lohnende Beschäftigung darstellt, wurde nachfolgend auch auf das Wirtschaftsleben übertragen, weil es logisch und naheliegend ist, dass der individuelle Erfolg nicht zuletzt von den systemischen Rahmenbedingungen abhängt.

Wenn Sie sich nun Ihr persönliches System vorstellen, so können Sie recht gut individuell und einzeln analysieren, mit wem Sie häufigen und intensiven Kontakt haben. Wenn Ihr System jedoch eine bestimmte Größe überschreitet, so fällt es sehr schwer, noch alle individuellen Verbindungen abzubilden. Hier kann Ihnen eine sogenannte Team- oder Systemaufstellung gute Dienste leisten.

> Halten Sie sich stets vor Augen, dass Sie und Ihre Mitarbeiter auch von Personen abhängig sind, die formal nicht Ihrem Team oder Ihrer Arbeitsgruppe angehören.

Führen Sie sich Ihr System vor Augen!

Wenn man als neue Führungskraft diese Abhängigkeiten über die eigenen Teamgrenzen hinweg vernachlässigt oder ignoriert, ist die Wahrscheinlichkeit, an der Aufgabe zu scheitern, sehr hoch.

Die nachfolgende Abbildung zeigt eine halbfiktive Teamaufstellung. Sie ist zwar in ähnlicher Form in einem Coaching von einer Führungskraft erstellt worden, die Namen wurden jedoch aus Anonymitätsgründen verändert.

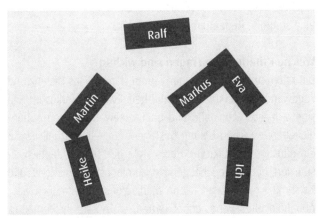

(Halbfiktive) Teamaufstellung

Die Führungskraft, die sich in der Abbildung »Ich« nennt und Leiter einer Personalentwicklungsabteilung ist, stellt hier ihr System auf, das aus fünf weiteren Mitgliedern besteht. Diese müssen nicht notwendigerweise auch seine Mitarbeiter sein, wie der Systemgedanke ja verdeutlicht hat. Es handelt sich um Eva, Markus, Ralph, Martin und Heike.

Während Eva, Markus und Heike nämlich tatsächlich Mitarbeiter sind, handelt es ich bei Martin um den Chef der Führungskraft und bei Ralph um ein Betriebsratsmitglied. Diese fünf Personen sind also diejenigen, zu denen die Führungskraft eine intensive Beziehung mit häufigen Kontakten unterhält. Da unsere Beispielführungskraft Leiter der Personalentwicklungsabteilung ist und viele Projekte, die er durchsetzen muss, mitbestimmungspflichtig sind, erklärt sich auch, warum der Betriebsrat Ralph eine so große Bedeutung im System hat.

Welche Kriterien und Fragen sind wichtig?
Die Kriterien für Aufstellungen lauten Nähe versus Distanz und Zugewandtheit versus Abgewandtheit. Eva und Markus im Bild sind sich also sehr nahe und eher zugewandt. Wenn Abhängigkeiten zwischen beiden bestehen, liegt diesbezüglich also ein günstiger Kontakt vor. Heike steht den beiden deutlich distanziert gegenüber, hat jedoch zumindest Blickkontakt und ist somit »im Kontakt«. Wenn Markus und Heike jedoch viele Abhängigkeiten voneinander hätten, so müsste ihr Verhältnis vermutlich optimiert werden. Ralph (der Betriebsrat) andererseits steht allen Beteiligten recht distanziert gegenüber, was in seiner Rolle nicht untypisch ist, und hat zumindest zu Martin und Markus keinen Blickkontakt. Da Martin ja der Chef unserer Führungskraft ist, kann man ein weniger gutes Verhältnis zwischen ihm und dem Betriebsrat vermuten.

Wie Sie erkennen, lassen sich nur aufgrund der Visualisierung des Systems interessante Führungsfragen stellen. Obiges Bild wirft z. B. folgende Fragen auf:

- Weshalb ist Ralph so distanziert und welche Beziehung hat er zu Martin? Was kann die Führungskraft unternehmen, damit der Kontakt zu dem wichtigen Gremium Betriebsrat intensiver und besser wird?

- Weshalb sucht Eva nicht den Blick/Austausch mit ihrem Chef, und kann die Führungskraft damit leben?
- Müssten sich Heike und Markus mehr beachten, um ihre Aufgaben erfolgreich bewältigen zu können?
- Gibt es womöglich ein weiteres wichtiges Systemmitglied, das noch gar nicht integriert ist? Wie könnte die Führungskraft dieses ins Bild einbinden?
- Müsste die Führungskraft selbst auf jemanden stärker zugehen?

Die Fragen und Anregungen, die Sie aus diesem Bild erhalten, stellen möglicherweise ein enormes Potenzial für Veränderungen und Optimierungen dar. Nutzen Sie also Figuren oder auch Klebeblätter, die Sie mit Gesichtern versehen, um sich einen Überblick über Ihr System zu verschaffen. Lassen Sie das entstandene Bild auf sich wirken und stellen Sie Fragen wie diejenigen aus obigem Beispiel, um Ihr Führungsverhalten zu analysieren und Ideen für konkrete Maßnahmen zu entwickeln.

Analysieren Sie Ihre Stakeholder

Rachel Thompson hat auf der Grundlage ihrer langjährigen Erfahrung im Projektmanagement ein sehr hilfreiches Instrument entwickelt: die Stakeholder-Analyse. Der englische Begriff »Stakeholder« steht für mehrere Bedeutungen; es kann sich dabei um Interessensvertreter, aber auch um Anspruchsberechtigte handeln. Für unsere Zwecke genügt die einfache Definition, dass es sich um Personen handelt, die für Ihren Erfolg relevant sind.

Rachel Thompson hat aufgezeigt, dass Projekte oftmals scheitern, weil der Projektverantwortliche nicht ausreichend darauf geachtet hat, wichtige und einflussreiche Personen innerhalb (oder auch außerhalb) des Unternehmens in das Vorhaben einzubinden.

Ihre neue Führungsaufgabe könnte man auch als eine Ansammlung von kleinen bis mittleren Projekten verstehen; daher ergibt es durchaus Sinn, Ihre Stakeholder zu ermitteln. Sie können die nachfolgenden Schritte auch als Vertiefung und Bereicherung Ihrer Systemanalyse (siehe vorigen Abschnitt) verstehen. Während die Systemanalyse relativ dauerhafte Beziehungen aufzeigt und hierfür Erkenntnisse liefert, bietet die Stakeholder-Analyse für unterschiedliche Anlässe (Projekte oder Aufgaben) wertvolle Informationen.

Zunächst einmal gilt es, diejenigen Personen oder auch Organisationen zu ermitteln, die zumindest potentiell einen Einfluss auf den Erfolg Ihrer Vorhaben besitzen. Wichtig hierbei ist, dass es sich durchaus auch um Menschen handeln kann, die womöglich ein Interesse daran haben, dass Sie in Ihrer Aufgabe scheitern. Notieren Sie zunächst alle Personen, die Macht oder Einfluss haben.

Wer hat Einfluss auf den Erfolg Ihrer Vorhaben?

Eventuell variieren diese Personen auch je nach durchzusetzendem Projekt oder Vorhaben. Erstellen Sie daher eine Prioritätenliste der Projekte und beginnen Sie mit den größten und besonders erfolgversprechenden Aktionen. Führen Sie für diese eine Stakeholder-Analyse durch, wobei Sie zunächst mithilfe eines Brainstormings die verschiedenen Stakeholder ermitteln. Schauen Sie hierbei auch bewusst über den Tellerrand. Wie bereits erwähnt, übersehen viele neue Führungskräfte, dass ihre Vorhaben mitbestimmungspflichtig sind, und »vergessen«, den Betriebsrat frühzeitig einzubinden. Oder aber es werden andere Abteilungsleiter ignoriert, die jedoch mit dem implementierten »Produkt« leben müssen und diesem Steine in den Weg legen könnten.

Beispielliste: Stakeholder

Meine wichtigen Vorhaben	Einflussreiche Personen
Aufsetzen eines Trainingsprogramms für Projektleiter	Mein Chef Erfahrene Projektleiter Betriebsrat
Durchführung einer internen Kundenbefragung	ggf. spezialisierte Fachabteilung ggf. Leiter EDV Betriebsrat wichtige Kunden
Prozess- und Ablaufoptimierung der Kundenaufträge	Erfahrene Mitarbeiter ggf. Leiter Qualitätsmanagement

Welche Macht und welches Interesse haben diese Personen?

Nun verfügen Sie über eine womöglich umfangreiche Liste mit potentiell einflussreichen Personen. Neben der relevanten Dimension Macht, die den Einfluss dieser Personen widerspiegelt, kann Ihnen die Dimension Interesse zusätzliche analytische Dienste leisten. Nutzen Sie die nachfolgende Abbildung, um Ihre Stakeholder anhand dieser beiden Dimensionen zu gruppieren. Es ergeben sich somit vier mögliche Quadranten: hohes Interesse und hohe Macht, hohes Interesse und niedrige Macht, niedriges Interesse und hohe Macht und schließlich niedriges Interesse und niedrige Macht.

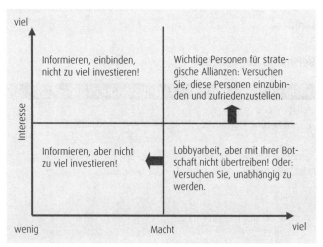

Die Stakeholder-Analyse

Wie sollten Sie nun mit denjenigen Personen umgehen, die einem der vier Quadranten zugeordnet werden können?

Viel Macht und viel Interesse – Ihre Maßnahmen
Natürlich handelt es sich bei diesem Personenkreis um einen für Sie sehr wichtigen. Achten Sie darauf, diese Personen einzubeziehen und ihre Bedürfnisse zu analysieren und zu berücksichtigen. Die erste Hürde besteht jedoch oft bereits darin, Zugang zu diesen Entscheidungsträgern zu finden. Binden Sie Ihren Chef ein und begründen Sie, warum er Ihnen einige Türen öffnen sollte. (Dabei darf natürlich nicht der Eindruck entstehen, als wollten Sie Ihren Chef in den Schatten stellen.) Idealerweise werden diese Personen zu Förderern Ihrer Sache. Investieren Sie also in strategische Allianzen und ignorieren Sie einen möglichen Zeitaufwand – dieser wird sich höchstwahrscheinlich auszahlen.

Viel Macht und wenig Interesse – Ihre Maßnahmen
Anders als bei der vorigen Personengruppe sollten Sie hier nicht automatisch sehr viel Zeit investieren. Wenn Sie nämlich mit Ihren Überzeugungsversuchen übertreiben und diese Personen langweilen, dann könnte genau der gegenteilige Effekt entstehen, nämlich dass Sie und Ihr Projekt generell abgelehnt werden. Versuchen Sie, diese Personen zufriedenzustellen, und argumentieren Sie nutzenorientiert. Was haben die Entscheidungsträger davon, Sie zu unterstützen? Analysieren Sie also sehr genau mögliche Interessen dieses Personenkreises und versuchen Sie, diese in Einklang mit der Grundausrichtung Ih-

res Auftrages zu bringen. Falls dies jedoch nicht gelingt und sich der Eindruck verstärkt, dass das Interesse gering bleibt und die Gefahr besteht, diesen Personen auf die Nerven zu gehen, dann stellen Sie unbedingt Ihre Bemühungen ein. Eventuell gibt es ja einen Weg, sich bis zu einem gewissen Grade von ihnen unabhängig zu machen.

BEISPIEL

> Ein junger Abteilungsleiter wurde von außen angeworben und als Führungskraft etabliert. Eine im Kollegenkreis sehr einflussreiche und kompetente Mitarbeiterin neidete ihm jedoch seine Position. Auch nach klärenden und wertschätzenden Gesprächen konnte die Ablehnung und Blockadehaltung der Mitarbeiterin nicht beseitigt werden. Der Abteilungsleiter besprach sich mit seinem Chef, holte die Erlaubnis für eine Abfindungszahlung ein und trennte sich von der Mitarbeiterin.

Auch wenn das Beispiel extrem erscheinen mag, ist dieser Schritt nach einer sorgfältigen Analyse der Rahmenbedingungen stringent und konsequent. Die Mitarbeiterin besaß durchaus eine Machtposition, denn sie konnte die Kollegen aufhetzen und Aufträge boykottieren. Wenn keine gütige Einigung in Sicht ist, sollte man also versuchen, Macht zu entziehen, sofern dies möglich ist. Im anderen Fall sollten Sie die Kommunikation und Ihre Anstrengungen auf ein Minimum reduzieren und einen möglichst sachlichen und wertschätzenden Umgang pflegen.

Wenig Macht und viel Interesse – Ihre Maßnahmen

Pflegen Sie die Kommunikation mit diesen Personen und binden Sie sie ein. Womöglich können Sie hier sogar Multiplikatoren für Ihre Aufgaben gewinnen bzw. Unterstützung bei deren

Durchführung erhalten. Da Interesse besteht, kann sich diese Personengruppe auch als Quelle offener und daher wichtiger Informationen über potentielle Stolpersteine erweisen. Dennoch: Achten Sie auch hier darauf, sich nicht zu sehr in individuell zeitraubenden Konversationen zu verlieren.

Wenig Macht und wenig Interesse – Ihre Maßnahmen
Verlieren Sie diese Personen oder Organisationen nicht aus den Augen. Prüfen Sie immer wieder, ob sich ihr Status innerhalb Ihrer Stakeholder-Analyse geändert hat, z.B. durch Machtzuwachs. Ist dies nicht der Fall, so halten Sie die Personen informiert, sparen aber ansonsten Ihre Ressourcen und vermeiden ausschweifende Überzeugungsversuche.

Wichtige Fragen für die System-/Stakeholder-Analyse

In der folgenden Übersicht möchte ich Ihnen nun noch einmal zusammenfassend einige wichtige Fragen aufzeigen, die Ihre System- und Stakeholder-Analyse leiten sollten. Diese Fragen werden Ihnen dabei helfen, hektischen Aktionismus zu vermeiden und Ihre begrenzten Ressourcen schonend, aber auch konsequent zur Verfolgung Ihrer Top-Aufgaben einzusetzen. Fragen Sie sich:

- Wo bestehen Abhängigkeiten in meinem Team und welche Führungsanforderungen resultieren daraus?
- Wie sollte mein System idealerweise aufgestellt sein?

- Was sind diejenigen Aufgaben für die ersten 100 Tage, die in den Augen meines Chefs am meisten bewirken?
- Wer ist diesbezüglich erfolgskritisch für mich?
- Welche Interessen haben insbesondere diejenigen erfolgskritischen Personen mit viel Macht und wenig Interesse?
- Wie kann ich diese Interessen berücksichtigen?
- Wie stelle ich eine ausreichende, aber auch Ressourcen schonende Kommunikation zu den Beteiligten her?
- Wie gehe ich ggf. mit Widerstand um? Wann wende ich mich an welche hierarchisch höher stehende Person?

Auf einen Blick: Ihre Unternehmensumwelt

Sie sind nun eingebunden in ein ganzes System aus Anforderungen, Wünschen und Begehrlichkeiten. Um den Überblick nicht zu verlieren, ist es entscheidend, herauszufinden, wer künftig besonders wichtig für Sie und Ihren Erfolg ist. Achten Sie also darauf,

- Ihr System und die vorherrschenden Abhängigkeiten abzubilden,
- Ihre Führungshandlungen darauf aufzubauen,
- erfolgskritische Aktionen mit Prioritäten zu versehen und die wesentlichen Stakeholder zu identifizieren,
- die Motivationen der Stakeholder der wichtigsten Aufgaben zu ergründen und Wege zu finden, diese zu berücksichtigen.

Die eigenen Anforderungen wertschätzend kommunizieren

Eine der wichtigsten Fähigkeiten, die eine sehr gute Führungskraft benötigt, ist wertschätzende, aber auch stringente Kommunikation.

Lesen Sie hier,

- welche wichtigen Kommunikationstechniken es gibt,
- welche Gesprächsphasen Ihnen Sicherheit vermitteln,
- welche Hauptanlässe für Führungskommunikation bestehen,
- wie Sie Ihren Weg finden und wie Sie Ihre ersten 100 Tage erfolgreich bestreiten.

Die besten Kommunikationstechniken

Im Wesentlichen geht es lediglich um zwei wichtige Kommunikationstechniken, die Sie beherzigen sollten. Sie benötigen, wie wir bereits festgestellt haben, einige gute Frageformen, um die Bedarfe Ihrer Mitarbeiter festzustellen. Dazu gehört auch die Fähigkeit, das Gespräch im Fluss zu halten und auf Ihre Mitarbeiter in einer Weise einzugehen, dass diese sich ernst genommen fühlen. Darüber hinaus müssen Sie über eine Technik verfügen, die es Ihnen erlaubt, wertschätzendes Feedback auszusprechen oder auch ein Fehlverhalten so zu thematisieren, dass der Gesprächspartner aufgeschlossen für Ihre Kritik bleibt und motiviert wird, sein Verhalten zu überdenken. Interessanterweise dreht sich eine der wichtigsten Kommunikationstechniken um das Zuhören.

Hören Sie aktiv zu

Das aktive Zuhören stellt einen großen Schritt hin zu einem wirklichen Verstehen des Partners dar. Sie fassen dabei kurz das Gesagte mit Ihren Worten zusammen und prüfen, ob Sie den Gesprächspartner auch richtig verstanden haben.

BEISPIEL

> **Mitarbeiter:** »Ich muss Ihnen sagen, dass es mir momentan sehr schwer fällt, die Aufgaben zeitnah oder termingerecht zu erledigen. Jeder kommt und greift auf mich zu, ich habe überhaupt keine Möglichkeit, etwas abzulehnen. Außerdem ist mir völlig unklar, welche Themen wichtiger als andere sind. Ich fühle mich total überlastet und ehrlich gesagt, auch schlecht informiert.«

Führungskraft: »Wenn ich Sie richtig verstehe, fühlen Sie sich momentan überlastet und das liegt Ihres Erachtens hauptsächlich daran, dass die Prioritäten nicht klar sind und auch keine Regelung vorliegt, wer auf Sie zugreifen darf und wer nicht – stimmt das so?«

Mitarbeiter: »Ja genau.«

Führungskraft: »Danke für die Info. Dann schlage ich vor, dass ich im Kollegenkreis nochmals deutlich mache, dass Aufgaben an Sie über mich adressiert werden müssen, und dass wir beide uns nochmals zusammensetzen und die Aufgaben mit A-, B- und C-Prioritäten versehen. Was halten Sie davon?«

Wie Sie in obigem Beispiel sehen, fasst die Führungskraft wichtige Aussagen des Mitarbeiters zusammen, um zum einen festzustellen, ob sie ihren Mitarbeiter richtig verstanden hat, und zum anderen relevante Details festzuhalten. Diese Kernaussagen bieten direkte Hinweise auf einen potentiellen Veränderungsbedarf.

Sprechen Sie weniger!

Leider reagieren manche Führungskräfte in Situationen wie im obigen Beispiel mit pauschalen »Motivationshilfen« wie etwa »Jetzt stellen Sie sich doch nicht so an« oder auch »Na ja, so schlimm ist es sicherlich nicht …«. Generell gilt: Sprechen Sie weniger, hören Sie mehr zu! In Rollenspielen im Rahmen meiner Führungstrainings fällt immer wieder auf, dass die Führungskräfte oft Redeanteile von ca. 70 Prozent beanspruchen. Sie strukturieren die Gespräche, appellieren, erklären die »Welt« und reden sich dabei leider oftmals um Kopf und Kragen. Eine gute Führungskraft lässt den anderen sprechen und besitzt Gesprächsanteile von maximal 30 Prozent (die einzige Ausnahme hiervon ist das Beurteilungsgespräch, das wir später noch beleuchten).

> Hören Sie zu und lassen Sie den Gesprächspartner erzählen! Vermeiden Sie Appelle und wortreiche Erklärungen von Sachverhalten, die dem Mitarbeiter vermutlich klar sind (Negativbeispiel: »Sie müssen wissen, dass wir bei [Unternehmen X] Qualität als wichtig einstufen ...«). Achten Sie darauf, maximal 30 Prozent Gesprächsanteil zu beanspruchen.

Wählen Sie Worte, die zu Ihnen passen

Natürlich können und sollten Sie eine Formulierung nutzen, die Ihnen auch entspricht. Falls Ihnen die Formel »Wenn ich Sie richtig verstehe« schwer über die Lippen geht, können Sie auch folgende Umschreibungen nutzen:

- Das heißt also, dass Sie ...
- Ich verstehe, dass Sie sich momentan überfordert fühlen, weil ...
- Ich höre, ...
- Sie empfinden es also als belastend, dass ...
- Aufgrund der Tatsache, dass Sie jeder ungefiltert anspricht, fällt es Ihnen also schwer, ...

Sie sehen: Jede beliebige Formulierung, die wertneutral die Aussage des Gesprächspartners wiederholt, kann benutzt werden. Wichtig ist, dass die Zusammenfassung neutral wirkt. Auch falls Sie zunächst einmal völlig anderer Auffassung sein sollten, ist es sehr wichtig, dass Sie die Meinung des Gesprächspartners neutral wiederholen. Ansonsten wird das Gespräch stocken und der Partner wird sich nicht weiter öffnen. Halten Sie sich vor Augen, dass eine Zusammenfassung der Meinung des anderen keine Zustimmung zu ebendieser Auffassung bedeutet!

Wie Sie Angriffe abblocken
Eine weitere Anwendungsmöglichkeit des aktiven Zuhörens kann Ihnen ebenfalls sehr gute Dienste leisten: Sie fassen zusammen, welche Emotionen Sie beim Gegenüber wahrnehmen. Stellen Sie sich vor, dass Sie von Ihrem Chef während einer Präsentation rüde unterbrochen werden. Beispielsweise sagt er etwas wie: »Das ist ja völliger Blödsinn.« Viele Führungskräfte beginnen nun, sich zu rechtfertigen, oder argumentieren gegen den Einwand. Eine viel bessere Entgegnung wäre auch hier das aktive Zuhören: »Ich höre, Sie sind enttäuscht. Was genau fehlt Ihnen?« So geben Sie Ihrem Gegenüber die Möglichkeit, seinem Ärger Luft zu machen und seine Kritik zu konkretisieren. Anhand der konkreten Kritik ist es Ihnen nun wieder möglich, aufzuzeigen, weshalb Sie so vorgegangen sind, oder die Bedenken aufzunehmen.

> Falls Sie noch keine Entgegnung parat haben und Zeit brauchen, um sich eine gute Antwort zu überlegen, gibt es zwei sehr gute Strategien:
>
> **1.** Rückfragen stellen (»Was genau meinen Sie mit XYZ?«)
> **2.** Aktives Zuhören (»Ich sehe, Sie sind ..., was fehlt Ihnen?«)

Gerade in Mitarbeitergesprächen wird Ihnen die Technik des aktiven Zuhörens gute Dienste leisten. Wie wir bereits gesehen haben, tendieren Führungskräfte dazu, selbst viel zu sprechen und sich auf Appelle und Argumentationen zu verlegen. Oftmals ist der Gesprächspartner aber noch nicht so weit, sich diesen rationalen Aussagen zu öffnen. Er ist beispielsweise schlicht verärgert. Um zu einem guten Gesprächsergebnis zu kommen, ist es jedoch entscheidend, diesen Ärger zu thematisieren und zu bearbeiten.

Das aktive Zuhören hat also mehrere positive Aspekte: Zum einen können Sie überprüfen, ob Ihre Wahrnehmung bzw. Zusammenfassung der Meinung des anderen »stimmt«. Daneben signalisieren Sie Ihrem Gesprächspartner, dass Sie ihm gut zuhören, was Wertschätzung ausdrückt. Schließlich erhalten Sie wichtige Informationen über die Bedarfe des anderen, die Sie für eine Problemlösung nutzen können.

Ein Wort der Warnung bei dieser Technik: Gehen Sie sparsam mit dem aktiven Zuhören um! Nach maximal zweimaliger Nutzung sollten Sie wieder Argumente oder andere Frageformen anwenden, weil sonst der Eindruck entsteht, dass Sie alles einfach nur wiederholen, was sehr irritierend wirkt.

Geben Sie wertschätzend Feedback

Es versteht sich beinahe von selbst, dass Führungskräfte imstande sein müssen, Kritik wertschätzend auszusprechen. Wie wir bereits gesehen haben, ist die Vermeidung von Demotivation äußerst wichtig, um Reibungsverluste, Gruppenwiderstand oder auch offene Gegenaggression auszuschließen.

Wenn Kritik zu aggressiv geäußert wird, dann kann es passieren, dass der Mitarbeiter mit Gegenaggression reagiert (»Sie sind doch selbst schuld bei Ihrem Führungsverhalten ...«) oder aus der Situation zu fliehen trachtet, z.B. indem er versucht, das Gespräch schnell zu beenden, oder auch durch Flucht in Krankheit. Diese negativen Effekte gilt es zu vermeiden. Hilfreich hierfür ist die sogenannte SEK-Technik. Dieses Akronym steht als Abkürzung und Erinnerungshilfe für

- Situation
- Emotion
- Konsequenzen

Lassen Sie uns die einzelnen Komponenten dieser Technik etwas näher beleuchten.

Situationsbeschreibung

Beschreiben Sie kurz und prägnant die Situation, die zur Kritik führt. Vermeiden Sie unbedingt Verallgemeinerungen. Wenn ein Mitarbeiter beispielsweise häufiger zu spät zur Arbeit erschienen ist, sollten Sie nicht sagen »Ständig kommen Sie zu spät«, weil diese Verallgemeinerung dazu führt, dass der Kritisierte das Feedback als ungerecht erlebt. Selbst falls der Mitarbeiter im letzten Monat 19-mal zu spät zur Arbeit erschienen ist, so ist er jedoch auch einmal pünktlich gewesen. Und genau dieses eine Mal führt nun dazu, dass die Kritik als nicht stimmig erlebt wird. Deshalb sollten Sie die Situation möglichst exakt beschreiben. Dies kann dazu führen, dass Sie sich gut vorbereiten müssen. Merkregel: Lob kann pauschal geäußert werden, Kritik muss spezifisch sein.

In obigem Beispiel müsste die Situationsbeschreibung also äußerst spezifisch geäußert werden, damit die Kritik gut angenommen werden kann. Beispielsweise könnten Sie sagen: »Herr Mustermann, im letzten Monat sind Sie am 12., 14. und am 20. zwischen einer halben und einer Stunde zu spät zur Arbeit erschienen.« Diese konkrete Formulierung lässt nun kein Ausweichen zu, sofern die Fakten stimmen. Achten Sie also darauf, Verallgemeinerungen zu vermeiden, weil sie nicht wertschätzend sind und die Bereitschaft beim Gesprächspartner, sein Verhalten zu überdenken oder gar zu ändern, massiv reduzieren. Konkretisieren Sie stattdessen die Situationsbeschreibung so gut es geht, und fassen Sie sich kurz!

Emotion
Als Zweites sollten Sie unbedingt eine eigene Emotion in das Gespräch integrieren. Vielleicht kennen Sie ja bereits die Technik der Ich-Botschaft. Genau diese sollten Sie nun nutzen. »Ich bin irritiert«, »Ich bin verärgert«, »Mir geht es dabei nicht gut« oder auch »Dies bringt mich in eine äußerst schwierige Situation« wären Beispiele für gelungene Ich-Botschaften, bei denen Sie ausdrücken, welche Konsequenzen die dargestellte Situation für Sie haben. Sie erkennen anhand obiger Beispiele,

dass Sie die geäußerte Emotion situationsgemäß »anpassen« können: Während eine Irritation noch eine sehr neutrale Emotion darstellt, wird Verärgerung schon als recht starkes Gefühl wahrgenommen.

> Nutzen Sie eigene Emotionsbeschreibungen, um eine nachhaltige Wirkung beim Gesprächspartner zu erzielen. Je überzeugender und nachvollziehbarer Ihre Emotion dargestellt wird, desto höher ist die Umsetzungs- und Änderungsbereitschaft beim Gegenüber!

Konsequenzen

Dieser letzte Schritt der SEK-Technik sieht vor, dass Sie gemeinsam mit dem Gesprächspartner nun mögliche Lösungsschritte ausloten. Hierbei können Sie entweder selbst einen Vorschlag unterbreiten oder aber den Mitarbeiter hierzu ermuntern. Ich rate Ihnen zu letzterer Variante, weil eine Lösung, die vom Mitarbeiter selbst vorgeschlagen wird, eine viel höhere Umsetzungswahrscheinlichkeit besitzt. Wenn Sie jedoch zunächst einmal Einsicht beim Gegenüber bewirken möchten (was sehr oft in Mitarbeitergesprächen das vorrangige Ziel ist, wie wir gleich noch sehen werden), können Sie eine sehr einfache, aber auch sehr wirkungsvolle Frage stellen: »Können Sie nachvollziehen, dass mich Situation X sehr irritiert hat?« Die meisten Menschen werden dies bejahen, wenn die Situationsbeschreibung und auch die geäußerten Emotionen als stimmig erlebt wurden. Dieses Ja sollten Sie unbedingt wertschätzen, und Sie können es im weiteren Gesprächsverlauf dann auch nutzen, um Ihren eigenen Standpunkt zu vermitteln.

So steuern Sie Gespräche

Die folgende Auflistung von typischen Gesprächsphasen soll Ihnen Sicherheit vermitteln und einen »roten Faden« an die Hand geben.

Die Gesprächsphasen	
1	Aufwärmen
2	Gesprächsziel
3	Ausgangssituation
4	Frage/Argument
5	Teilübereinstimmung
6	Vereinbarung
7	Abkühlen

1. **Die Aufwärmphase:** Geben Sie Ihren Gesprächspartnern etwas Zeit, in das Gespräch zu finden, und signalisieren Sie ihnen, dass Sie an ihnen als Mensch interessiert sind. Hierzu eignen sich alle Smalltalk-Themen. Besonders positiv reagieren Mitarbeiter oft darauf, wenn Führungskräfte sich persönliche Informationen gemerkt haben und sie darauf ansprechen. Die einzigen Ausnahmefälle, bei denen Sie auf die Aufwärmphase verzichten sollten, sind Kritik, Abmahnung oder Kündigung.

2. **Das Gesprächsziel:** Sprechen Sie unbedingt direkt nach der Aufwärmphase (falls sie stattfindet) das Gesprächsziel an. Nutzen Sie dazu Formulierungen wie z. B. »Ziel des heutigen Gesprächs aus meiner Sicht ist es ...« oder auch »Mir geht es heute darum, dass...«. Das nunmehr genannte Ziel bie-

tet dem Gesprächspartner Orientierung. Es muss zu diesem Zeitpunkt noch nicht exakt bestimmt sein; vielmehr genügt es, die Richtung aufzuzeigen, die das Gespräch nehmen soll. »Ich würde mit Ihnen heute gerne besprechen, wie die Einhaltung vereinbarter Termine sichergestellt werden kann« oder auch »Mir geht es heute darum, die Aufgabenerledigung, besonders die terminliche Situation, zu besprechen ...« sind mögliche Ziele, die das Beispiel am Anfang dieses Kapitels einleiten könnten. Neben diesem formulierten Ziel haben Sie zumeist noch weitere Gesprächsziele, die Sie nicht offen ansprechen. Bei fast allen kritisierenden Mitarbeitergesprächen lautet das »Grundziel«, Einsicht beim Mitarbeiter zu bewirken.

3. **Ausgangssituation:** In unserem Beispiel der nicht termingetreuen Aufgabenerledigung würde in dieser Phase nun die SEK-Technik angewandt. Beschreiben Sie also kurz und prägnant die Ausgangssituation.

4. **Frage/Argument:** Natürlich wechseln sich in Mitarbeitergesprächen Fragen und Argumente sowohl der Führungskraft als auch des Mitarbeiters ab. Nutzen Sie gerade bei Argumenten des Mitarbeiters das aktive Zuhören, wie bereits gezeigt.

5. **Teilübereinstimmung:** Eine Teilübereinstimmung liegt immer dann vor, wenn der Gesprächspartner Ihnen entgegenkommt und beispielsweise äußert, dass er Ihre Verärgerung verstehen kann. Dann sollten Sie diese Bereitschaft auch anerkennen und herausheben. »Vielen Dank für Ihr

Verständnis, das ist mir sehr wichtig«, wäre beispielsweise eine gelungene Teilübereinstimmung. Diese können Sie im weiteren Gespräch nun auch als Argument einsetzen: »Sie haben doch eben selbst gesagt, dass es Ihnen leid tut, jetzt brauche ich auch eine Zusage von Ihnen, dass Sie ...«.

6. **Vereinbarungen:** Viele Mitarbeitergespräche enden leider ohne konkrete Vereinbarung. Nutzen Sie unbedingt die Erinnerungshilfe, die auch erfolgreiche Projektmanager immer wieder anwenden: Fragen Sie sich am Ende »Wer macht was mit wem bis wann?« Halten Sie diese Schritte im Protokoll fest oder lassen Sie die vereinbarten Schritte von Ihrem Mitarbeiter nochmals zusammenfassen und ggf. protokollieren, damit beide gewiss sein können, dass man vom Gleichen gesprochen hat.

7. **Abkühlen:** Gerade nach einem »hitzig« geführten Gespräch ist es für beide Gesprächspartner wichtig, wieder im Guten auseinanderzugehen. Greifen Sie also beispielsweise die Themen aus der Aufwärmphase wieder auf (falls diese stattgefunden hat) und lassen Sie das Gespräch konstruktiv ausklingen.

Die wichtigsten Kommunikationsanlässe

Welche Gespräche sollten Sie als neu ernannte Führungskraft denn nun führen, welche Anlässe sollten Sie nutzen? Die folgende Aufzählung bietet Ihnen einen kurzen Überblick.

Teambesprechungen/Jour fixe

Etablieren Sie Standards, wie oft und wann Sie Ihr Team als Ganzes treffen. Die Inhalte dieser Besprechungen sollten Sie gemeinsam mit dem Team vereinbaren. Zum einen dienen Ihnen Teambesprechungen dazu, wichtige Informationen an das Team weiterzugeben, zum anderen können die Kollegen sich bei dieser Gelegenheit auch gegenseitig auf den neuesten Stand hinsichtlich ihrer Projekte bringen, sodass mögliche Doppelarbeiten vermieden werden können. Etablieren Sie ggf. auch einen regelmäßigen Besprechungstermin mit Ihren Führungskollegen auf der gleichen Ebene oder auch mit betrieblichen Schlüsselfiguren, um sich auszutauschen und auf dem Laufenden zu halten.

Viele Führungskräfte sehen für Teambesprechungen einen fixen, mindestens wöchentlichen Termin vor. Zu Beginn Ihrer Aufgabe sollten Sie diesen Termin natürlich auch für die eigene Vorstellung nutzen.

Achten Sie bei diesen Teammeetings darauf, dass sie nicht zum Selbstzweck werden. Wenn nur geringe Abhängigkeiten bestehen, muss man sich nicht unbedingt zwei Stunden lang anhören, was der Kollege gerade macht, während man gleichzeitig unter Zeitdruck steht. Sie sollten immer darauf achten, dass die Dauer derartiger Termine in einem gesunden Verhältnis zu dem erlebten Output steht.

Zielvereinbarungs- und Zielerreichungsgespräch

Am allerwichtigsten ist es, dass die zu vereinbarenden Ziele der SMART-Regel entsprechen. Beschränken Sie die zu erreichenden Ziele auf drei bis maximal sieben. Falls unterjährig Änderungen der Rahmenbedingungen eintreten, die sich auf die Zielerreichung auswirken, sollten Sie unbedingt neue Vereinbarungen treffen.

Sie sollten gleich zu Beginn Ihrer Aufgabe Zielvereinbarungsgespräche durchführen oder sich über die vereinbarten Ziele unterrichten lassen. Zielerreichungsgespräche sollten mindestens einmal im Jahr durchgeführt werden.

Vor allem bei unrealistischen und nicht terminierten Zielen besteht großes Demotivationspotential. Achten Sie auch unbedingt auf den Mitarbeitertypus, mit dem Sie Ziele vereinbaren. Wie wir ja bereits gesehen haben, kann ein Distanzmitarbeiter mit wenig ausformulierten Zielen, die ihm viele Freiräume lassen (»Ich möchte, dass Sie eine Filiale in Polen eröffnen, die am Ende des dritten Geschäftsjahres schwarze Zahlen schreibt ...«) besser umgehen und erlebt sie auch motivierender als etwa ein organisierter Mitarbeiter. Letzterer benötigt klarere Inhalte und Zwischenschritte. Natürlich spielt auch der jeweilige Entwicklungsstand des Mitarbeiters eine wesentliche Rolle. Achten Sie also auch auf das Vermeiden von Über- und Unterforderung.

Feedbackgespräch

Feedback ist ein Geschenk und sollte auch so erlebt werden. Machen Sie nochmals deutlich, dass der Mitarbeiter sich bei Feedback nicht rechtfertigen sollte, aber natürlich jederzeit nachfragen kann, wenn ihm Inhalte unklar sind. Betonen Sie zudem, dass Sie selbst auch an Feedback interessiert sind.

Kurzes Feedback und Lob sollten mehrmals innerhalb einer Woche bei passender Gelegenheit erteilt werden. Für umfassenderes Feedback eignen sich Projektabschlüsse, Aufgabenerledigungen oder ähnliche Anlässe. Achten Sie darauf, dass Sie mindestens halbjährlich ein eingehendes Feedback geben.

Erteilen Sie Feedback anhand von detaillierten Beobachtungen und vermeiden Sie unbedingt Verallgemeinerungen. Viele Führungskräfte kombinieren positives Feedback oftmals mit einer Kritik. Diese Verbindung wird häufig mit dem Wort »aber« hergestellt. Ich rate dazu, in diesen Fällen das »aber« durch ein »und wenn« zu ersetzen.

BEISPIEL

> **Führungskraft:** »Ich würde Ihnen gerne Feedback zum Kundengespräch von vorhin geben. Herr Mustermann, ich finde, Sie haben einen sehr guten Kundenkontakt aufgebaut sowie überzeugende Verkaufsargumente genannt, und wenn Sie zukünftig noch stärker auf das Cross-Selling achten, ist das Gespräch m.E. nicht mehr zu toppen. Vielen Dank!«

Wenn im obigen Dialog das Wort »aber« fällt, entsteht meistens der negative Effekt, dass das Positive überhört wird.

Beurteilungsgespräch

Als Grundlage für Gehaltsanpassungen, Beförderungen, Bonuszahlungen und auch Personalentwicklung führen viele Firmen standardisierte Beurteilungsgespräche durch. Machen Sie sich mit den Unterlagen hierzu und auch mit der »Normvorgehensweise« in Ihrem Unternehmen vertraut. In der Regel finden Beurteilungen einmal jährlich statt. Erfragen Sie die Zeiträume in Ihrem Unternehmen.

Im Beurteilungsgespräch sind zwei Dinge wesentlich:

- Es handelt sich nicht um einen »Basar«, auf dem gefeilscht wird. Die Beurteilung Ihrer Mitarbeiter steht Ihnen zu und diese Beurteilung sollte auch nicht verhandelbar sein. Ich finde es äußerst seltsam, wenn Führungskräfte nach dem Beurteilungsgespräch Ihre Beurteilungen in fast allen Kriterien zugunsten des Mitarbeiters abändern. Dies kann man auch als Schwäche oder »Umfallen« interpretieren.

- Ihre Einschätzung muss jedoch hieb- und stichfest sein, auch um Auseinandersetzungen zu vermeiden. Setzen Sie also viel Energie ein, um Beobachtungen zu sammeln, die Ihre Beurteilung rechtfertigen. Es gibt noch eine weitere Merkregel: Eine schlechte Bewertung darf nie überraschend kommen! Kritik und auch Feedback sollten unbedingt zeitnah erfolgen.

Fördergespräch

Machen Sie sich vorher im Rahmen von Einzelgesprächen mit dem Mitarbeiter vertraut und finden Sie heraus, welche Fördermaßnahmen für genau diesen Mitarbeitertyp geeignet wären. Beobachten Sie den Mitarbeiter falls möglich bei seiner Arbeit und ergänzen Sie die aus den Einzelgesprächen gewonnenen Informationen. Wichtig ist, dass Sie für die Förderung und Entwicklung des Mitarbeiters bewusst Verantwortung übernehmen.

Fördergespräche sollten zeitlich an die Beurteilungsgespräche gekoppelt werden, weil Beurteilungen ja Optimierungsbedarf aufzeigen und man so eine gute Informationsquelle für Fördermaßnahmen hat. Die beiden Gesprächsformen können, müssen aber nicht in einem Gesprächstermin abgehandelt werden.

Förderung erfolgt nicht nach dem Gießkannenprinzip, sondern muss immer mitarbeiterspezifisch erfolgen. Nutzen Sie das Persönlichkeits- und Entwicklungsstandmodell dieses Taschen-Guides und lesen Sie nochmals die Inhalte des Kapitels »Die Erwartungen Ihrer Mitarbeiter«, um eine fundierte Vorstellung zu entwickeln. Nichts ersetzt jedoch das individuelle Gespräch mit dem Mitarbeiter, in dem Sie seine Perspektive herausarbeiten.

Kritikgespräch und Abmahnung

Wenn Sie Kritik üben müssen, so benötigen Sie die SEK-Methode. Die Situationsbeschreibung muss spezifisch, kurz und zweifelsfrei sein. Wird eine Abmahnung erforderlich, trifft dies natürlich noch stärker zu. Kritik muss direkt und möglichst umgehend geäußert werden. Bitte vermeiden Sie, dass sich der Ärger bei Ihnen anstaut. Geben Sie unbedingt zeitnah Feedback, damit der Mitarbeiter sein Verhalten auch ändern kann. Mit Abmahnungen sollten Sie äußerst sparsam umgehen, weil sie für den Mitarbeiter einen Gesichtsverlust bedeuten und daher fast immer demotivieren.

Noch wichtiger als im Feedback ist hier die zweifelsfreie Dokumentation anhand von Beispielen und Fakten. Ihre Argumentation muss nicht nur vor dem Mitarbeiter standhalten, sondern eventuell auch vor Gericht. Bevor Sie also eine so drastische und auch demotivierende Maßnahme wie eine Abmahnung vornehmen, sollten Sie sich unbedingt mit Ihrem Chef und auch mit der Personalabteilung beraten. Achten Sie auf »wasserdichte« Argumentation und Dokumentation.

Kündigungsgespräch

Sieht man einmal von der oft schwierigen emotionalen Komponente ab, handelt es sich hierbei kommunikationstechnisch betrachtet um ein einfaches Gespräch: Das Ziel steht bereits fest: Es gilt, die Kündigung auszusprechen. Da es sich rechtlich gesprochen um eine einseitige Willenserklärung handelt, muss lediglich die Information beim Gegenüber ankommen, um dieses Kriterium zu erfüllen. Daneben sollte es natürlich aber auch in Ihrem Interesse liegen, diesen Schritt so wertschätzend wie möglich zu kommunizieren. Wenn die vorherigen Gespräche keine Einsicht erzeugt haben oder eine nicht entschuldbare Handlung vorliegt, die das Vertrauen nachhaltig beschädigt hat (Diebstahl, Tätlichkeiten usw.).

Der größte Stolperstein besteht darin, dass die Kündigung vor Gericht nicht standhält. Besprechen Sie sich also unbedingt im Vorfeld mit Ihrem Chef und auch mit der Personalabteilung. Wenn Sie kündigen müssen, dann erklären Sie dem Mitarbeiter kurz, aber prägnant, warum es nun keine andere Lösung mehr gibt. Achten Sie darauf, ob er signalisiert, dass er weitere Informationen benötigt, oder sich mit der Entscheidung abgefunden hat. Falls Letzteres der Fall sein sollte, können Sie das Gespräch auch schnell beenden.

Der Balanceakt: Finden Sie Ihren Weg

Wir haben nun die wichtigsten Einflüsse auf Ihren Führungserfolg analysiert. Neben den Erwartungen Ihres Chefs und Ihrer Mitarbeiter gilt es auch die übrigen Einflussfaktoren im Unternehmen zu berücksichtigen. Hierbei sollten Sie stringent, aber wertschätzend kommunizieren. Wie können Sie nun in den ersten 100 Tagen Ihren Weg finden?

Analysieren Sie die Ausgangssituation

Bevor Sie handeln, sollten Sie eingehend analysieren, in welche »Kultur« Sie nun eingetreten sind. Falls Sie im Unternehmen befördert wurden, haben Sie diesbezüglich vielleicht einen Vorsprung, jedoch fehlen Ihnen womöglich noch spezifische Informationen, die Sie für die konkrete Aufgabenbewältigung benötigen. Nutzen Sie den Kompetenzcheck aus dem Kapitel »Sie übernehmen Führung« und prüfen Sie, wo Sie ggf. noch Entwicklungsbedarf haben, um Ihre neue Aufgabe sicher ausführen zu können. Verschaffen Sie sich mit Hilfe der Klärungsfragen aus dem Kapitel »Die Erwartungen Ihres Chefs« einen Überblick über wichtige Themen, Dringlichkeiten und Ressourcen aus der Sicht Ihres Chefs und Ihrer Mitarbeiter. Führen Sie Einzelgespräche mit Ihrer Führungskraft und Ihren Mitarbeitern und versuchen Sie sich eine erste Vorstellung davon zu bilden, welchem Typus sie angehören und – bei den Mitarbeitern – auf welcher Entwicklungsstufe sie stehen.

Definieren Sie Ihre Top-Prioritäten und gehen Sie diese an

Was sind »Ihre« Top-Prioritäten? Wir haben soeben noch einmal die Klärungsfragen erwähnt, mit Hilfe derer Sie kurz-, mittel- und langfristige Ziele definieren können. Natürlich könnten Sie nun konsequent die Bedarfe Ihres Chefs abarbeiten, um ihm ein positives Bild von sich zu vermitteln. Eventuell beschleicht Sie jedoch auch das Gefühl, dass die Wünsche Ihres Chefs realitätsfremd sind oder zumindest nicht exakt zu dem passen, was Sie in Ihrer Abteilung vorfinden.

BEISPIEL

> Ihr Chef beantwortet Ihre Frage, was in den ersten 100 Tagen denn unbedingt passieren müsse, folgendermaßen: »Die Mitarbeiter müssen richtig motiviert werden und besser miteinander reden.«

Wenn Sie nach der Lektüre dieses TaschenGuides zu der Feststellung gelangt sein sollten, dass Ihre Mitarbeiter mangels gegenseitiger Abhängigkeiten gar nicht besser kommunizieren müssen, dann befinden Sie sich in einer kleinen Zwickmühle: Auf der einen Seite möchten Sie Ihren Chef ja nicht verärgern, indem Sie seinen Auftrag einfach ignorieren, andererseits widerstrebt es Ihnen vielleicht, eine Aufgabe auszuführen, die vermutlich keine spürbaren oder sogar negative Auswirkungen haben wird. Wie können Sie diesem Dilemma entfliehen, ohne den Chef zu verärgern oder Ihre Energien zu vergeuden?

Was geschieht, wenn Sie nichts unternehmen?

Eine wichtige Frage, die Ihnen nun hilft, Ihren Weg zu finden, lautet: »Was passiert, wenn ich nicht eingreife?« Lassen Sie bei dieser Analyse Ihren Chef zunächst außen vor. Welche Konsequenzen hat es, wenn Sie nicht aktiv ins Geschehen eingreifen?

Ein beliebter, aber großer Fehler neu ernannter Führungskräfte ist es, in einen hektischen Aktionismus zu verfallen. Sie ändern erst einmal alles, um zu dokumentieren, dass sie da sind. Das Motto, das diesen Aktionismus treffend beschreibt, ist: »Neue

Besen kehren gut.« Achten Sie bitte darauf, dass Sie in den richtigen Ecken kehren und nicht zum zehnten Mal die gleiche Fliese schrubben, nur weil diese vom Chefbüro aus gut sichtbar ist. Fragen Sie sich, was denn passieren würde, wenn Sie den Auftrag nicht ausführten. Wenn die Antwort auf diese Frage keine negative Konsequenz beinhaltet oder – noch genauer formuliert – nicht lautet, dass ein negativer Status quo fortbestünde, dann sollten Sie nicht handeln! Lassen Sie sich nicht von gut gemeinten Ratgebern verwirren, die Ihnen einreden wollen, dass Sie einschreiten müssten. Prüfen Sie die vermutlichen Konsequenzen und entscheiden Sie dann ganz bewusst, ob Sie aktiv werden oder nicht!

Halten Sie Ihren Chef auf dem Laufenden

Falls Sie tatsächlich zu dem Ergebnis kommen, dass einer der Aufträge Ihres Chefs in die Kategorie »keine negativen Folgen bei Nicht-Bearbeitung« fällt, dann bedeutet dies leider noch nicht, dass Sie den Auftrag komplett ignorieren sollten. Sie müssen sich schon noch Gedanken darüber machen, wie Sie an den Chef berichten. Achten Sie darauf, auch hier gesichtswahrend zu handeln. Falls Ihr Chef also beispielsweise feststellt, dass Ihre Mitarbeiter besser miteinander kommunizieren sollten, Sie diesbezüglich aber keine Notwendigkeit sehen, so sollten Sie ihn je nach Cheftyp auf dem Laufenden halten und berichten, in welcher Weise Sie seinen Auftrag umsetzen.

Sparen Sie Energie!

Beispielsweise könnten Sie dieses Anliegen bei den Teamsitzungen einmal ansprechen und auch Vereinbarungen hierzu treffen, die wiederum kommuniziert werden können. Sie sollten sich jedoch davor hüten, auf dieses Thema zu viel Energie zu verschwenden und es vielleicht sogar zu einem Hauptprojekt zu machen. Unternehmen Sie bei Aufträgen, von denen Sie sich kein oder nur geringes positives Potential erwarten, nur das unbedingt Erforderliche, um nicht kritisiert zu werden.

Dementsprechend könnten Sie bei Aufträgen, die Ihrem Chef in Ihren ersten 100 Tagen wichtig sind, zweierlei Prioritäten setzen: Zum einen klären Sie die Bedeutung, die Ihr Chef den einzelnen Aufgaben beimisst. Zum anderen ordnen Sie den Aufträgen noch Ihre eigene Priorität zu.

Formulieren und kommunizieren Sie Ihre Ziele

Nach der Festlegung Ihrer Top-Prioritäten sollten Sie diese Ziele in Teamsitzungen und Einzelgesprächen mit Ihren Mitarbeitern besprechen. Machen Sie sich vorab Gedanken, welche Mitarbeiter typ- und entwicklungsgerecht am ehesten die jeweilige Aufgabe übernehmen könnten. Verzichten Sie in den ersten 100 Tagen diesbezüglich auf Experimente und greifen Sie für die wirklich wichtigen Aufgaben auf erfahrene Mitarbeiter zurück oder erledigen Sie diese selbst. Achten Sie unbedingt darauf, für die Aufgabe zu motivieren, und erwähnen Sie auch Vorteile für die Abteilung als Ganzes. Nutzen Sie das Delegationsmodell, das im Abschnitt »Worauf es ankommt: Mitarbeiter motivieren« vorgestellt wurde.

Geben Sie Feedback

Halten Sie sich unbedingt an die zu Beginn vereinbarten Rückmeldezyklen mit Ihrem Chef und erstatten Sie Bericht, auch wenn dies bedeutet, dass Sie nichts Neues vermelden können. Achten Sie jedoch darauf, die 100 Tage in einzelne Berichtsphasen aufzugliedern. Beispielsweise könnten Sie gleich zu Beginn Ihrer Tätigkeit mit Ihrer Führungskraft einen Folgetermin nach eineinhalb Monaten vereinbaren, der den Arbeitsfortschritt und wichtige Klärungsthemen beinhalten sollte. Ebenso könnten Sie einen Termin nach 100 Tagen mit ihm vereinbaren und zu diesem Zeitpunkt ein Zwischenfazit anstreben. Bitten Sie Ihren Chef auch jeweils um Feedback, wie er sich die weitere Zusammenarbeit vorstellt und welche Änderungswünsche er ggf. hat. Achten Sie aber unbedingt auch darauf, Zwischenschritte und Erfolgsmeldungen in den Teamsitzungen zu kommunizieren, damit die Mitarbeiter informiert sind und erkennen, was ihr Aufwand bewirkt.

Bilden Sie Netzwerke

Neben diesen vordringlichen Schritten sollten Sie Ihr Umfeld nicht vergessen. Nutzen Sie die ersten Monate, um die Kollegen kennen zu lernen, sich Ihnen anzunähern und den wertschätzenden Austausch zu fördern. Falls Sie kritische Kollegen antreffen, so versuchen Sie diese ins Boot zu holen bzw. führen Sie die Stakeholder-Analyse durch (s. Abschnitt »Analysieren Sie Ihre Stakeholder«, um die erforderlichen Maßnahmen zu ermitteln.

Ihre Schritte in den ersten 100 Tagen

Im Folgenden sehen Sie noch einmal auf einen Blick, welche Schritte Sie als neue Führungskraft in den ersten drei Monaten unternehmen sollten.

Die wichtigsten Schritte in den ersten 100 Tagen	
1	Eigene Kompetenzen herausfinden (vgl. Kapitel »Sie übernehmen Führung«) Klärungsgespräch mit Chef (vgl. Kapitel »Die Erwartungen Ihres Chefs«) Zeitrahmen: vor Übernahme der Aufgabe/in der ersten Woche
2	Analyse der Top-Prioritäten Kleine Stakeholder-Analyse (vgl. Kapitel »Die Erwartungen der sonstigen Unternehmensumwelt«) Zeitrahmen: vor Übernahme der Aufgabe/in der ersten Woche
3	Delegationsanalyse (Vorüberlegungen, die in den Einzelgesprächen mit den Mitarbeitern bestätigt oder verändert werden sollten) Zeitrahmen: in der ersten Woche/bei den Einzelgesprächen
4	Vorstellung der eigenen Person im Team und Einzelgespräche mit Mitarbeitern (Kennenlernen, Typ- und Entwicklungscheck, vgl. Kapitel »Die Erwartungen Ihrer Mitarbeiter«) Aufgabendelegation und Kontrolle gemäß Delegationsmodell (vgl. Kapitel »Die Erwartungen Ihrer Mitarbeiter«) Zeitrahmen: Teambesprechung in der ersten Woche; Einzelgespräche nach Möglichkeit in den ersten drei Wochen

Die wichtigsten Schritte in den ersten 100 Tagen
5 Kennenlernen der Kollegen/wichtiger Stakeholder Auf- und Ausbau von Netzwerken Zeitrahmen: Kollegen: in den ersten zwei Wochen; Stakeholder: laufend (ab zweitem Monat)
6 11 Zwischenfeedbackgespräch mit Chef/100-Tage-Gespräch Zeitrahmen: nach sechs Wochen/nach 100 Tagen

Auf einen Blick: Ihre Anforderungen kommunizieren

Achten Sie unbedingt darauf,

- Kommunikationstechniken einzuüben und anzuwenden,
- Gesprächsphasen zu beachten,
- Gesprächsformen und -anlässe auf Notwendigkeit hin zu analysieren und zu etablieren,
- die Interessen der Beteiligten im Auge zu behalten,
- gesichtswahrend zu agieren und
- Ihre ersten 100 Tage zu strukturieren.

Stichwortverzeichnis

100 Tage 21, 123, 124

Abhängigkeiten 49 ff., 86 ff.
Abmahnung 116
Angriffe 103

Beurteilungsgespräch 114

Delegieren 9, 65 f.
Duzen 23

Entscheiden 9
Entwicklungsstand 70 ff.

Fachkompetenzen 15 ff
Feedback 104 f., 113, 122
Fördergespräch 115
Führungsautobahn 20 f.
Führungskreislauf 8

Geld 61
Gesprächsphasen 108 ff.
Gesprächsziel 108

Haltung 17
I
Informationsverhalten 42
Informieren 8

Klärungsfragen 39 ff.
Kollegen 22 ff., 82 ff.
Kommunikationstechniken 100
Kompetenzen 13 ff.
Kritikgespräch 116
Kündigungsgespräch 116

Macht 12, 94 ff.
Motivation 62 f.

Neid 24
Netzwerke 122

Personalentwicklung 69
Persönlichkeit 31
Persönlichkeitsmodell 38
Planen 9
Prioritäten 118
Prozesssteuerung 42
Prozess- und Methodenkompetenzen 15 f.

SEK-Technik 105 ff.
Selbstmanagement 14, 16
Selbst- und Fremdreflexion 10
Situative Führung 73
SMART 44 ff.
Sozial-kommunikative Kompetenzen 14, 16
Stakeholderanalyse 91 ff.
Steuern 10
Sympathie 28
System 88 ff.

Team 84
Teambesprechung 111
Typen 28, 29, 77 ff.
– distanziert 36, 79
– harmonieorientiert 35, 78
– kreativ 33, 78
– organisiert 31, 77
typgerecht 70 ff., 77

Verhaltensbeeinflussung 6 f.

Wertschätzung 83, 104, 106 f.

Ziele 38 ff., 121
Zielkaskade 39 f.
Zielvereinbarungsgespräch 112
Zuhören 100

Impressum

Bibliografische Information der Deutschen Nationalbibliothek
Die Deutsche Nationalbibliothek verzeichnet diese Publikation in der Deutschen
Nationalbibliografie; detaillierte bibliografische Daten sind im Internet über
http://dnb.dnb.de abrufbar.

Print: ISBN: 978-3-648-08405-2	Bestell-Nr.: 00374-0002
ePub: ISBN: 978-3-648-08406-9	Bestell-Nr.: 00374-0101
ePDF: ISBN: 978-3-648-08407-6	Bestell-Nr.: 00374-0151

Thomas Augspurger
Neu als Chef – Wie Sie Ihren Weg finden
2. Auflage 2016

© 2016, Haufe-Lexware GmbH & Co. KG, Munzinger Straße 9, 79111 Freiburg
Redaktionsanschrift: Fraunhoferstraße 5, 82152 Planegg/München
Internet: www.haufe.de
E-Mail: online@haufe.de
Redaktion: Jürgen Fischer
Redaktionsassistenz: Christine Rüber

Lektorat: Jan W. Haas, Berlin; Sylvia Rein, München
Umschlaggestaltung: Simone Kienle, Stuttgart
Umschlagentwurf: RED GmbH, Krailling
Satz und Druck: Beltz Bad Langensalza GmbH, Bad Langensalza

Alle Angaben/Daten nach bestem Wissen, jedoch ohne Gewähr für Vollständigkeit
und Richtigkeit.

Alle Rechte, auch die des auszugsweisen Nachdrucks, der fotomechanischen
Wiedergabe (einschließlich Mikrokopie) sowie der Auswertung durch Datenbanken
oder ähnliche Einrichtungen, vorbehalten.

Der Autor

Thomas Augspurger
ist Diplompsychologe und systemischer Prozessberater und verfügt über langjährige Erfahrung als Personal- und Organisationsentwickler in Konzernen. Seit 2005 ist er selbstständiger Trainer, Berater und Coach mit den Schwerpunkten Gelassenheit in schwierigen Situationen, Führungskräfteentwicklung, Teammoderation und konstruktive Kommunikation. U. a. ist er für die Haufe Akademie tätig.

Weitere Literatur

»Das Lotusblütenprinzip. Gelassenheit im Job durch den Abperl-Effekt«, von Thomas Augspurger, 192 Seiten, EUR 19,80.
ISBN 978-3-448-09279-0, Bestell-Nr. 00207

»Gesprächstechniken für Führungskräfte«, von Anke von der Heyde und Boris von der Linde, 243 Seiten, EUR 24,95.
ISBN 978-3-448-09518-0 Bestell-Nr. 00742

»Vertrauen. Wie man es aufbaut. Wie man es nutzt. Wie man es verspielt«, von Matthias Nöllke, 224 Seiten, EUR 19,80.
ISBN 978-3-448-09591-3, Bestell-Nr. 00128

Wissen to go!

TaschenGuides.
Schneller schlauer.

Kompetent, praktisch und unschlagbar günstig.
Mit den TaschenGuides erhalten Sie
kompaktes Wissen, das Sie überall begleitet –
im Beruf und im Alltag.

Mehr Informationen zu den TaschenGuides
finden Sie auf www.taschenguide.de

Jetzt bestellen!
www.haufe.de/shop (Bestellung versandkostenfrei)
oder in Ihrer Buchhandlung